Die Herrlichkeit des Lammes

Eine Erkundung von Gottes ewigem Opfer

Sandy Davis Kirk, Ph. D.

Titel der amerikanischen Originalausgabe:
T h e G l o r y o f t h e L a m b
Copyright ©2004 Sandy Davis Kirk, Ph.D.
published under the title „The Glory of the Lamb".
All rights reserved.

Copyright ©2015 der deutschsprachigen Ausgabe
Martina Heinig
Aus dem Amerikanischen übersetzt von
Martina Heinig
Mit freundlicher Genehmigung durch
Dr. Sandy Davis Kirk

Bibelzitate sind der revidierten Elberfelder Übersetzung von 2003 entnommen, der Neue Evangelistische
Übersetzung von 2010, Hoffnung für alle 2002 und
der Schlachter 2000.

Herstellung und Verlag:
BoD – Books on Demand, Norderstedt
Umschlaggestaltung: Thomas Sommerer
Foto: Martina Heinig

ISBN 978-3-7347-5736-5

Widmung

Meinen lieben Studenten, deren Herzen durch die Offenbarung des Lammes „für immer vernarbt" wurden

Danksagungen

Wenn der Heilige Geist ein Buch ins Leben ruft, dann stellt er dem Autor zur Ermutigung ganz besondere Leute an die Seite. Vor allem inspirierten mich meine Studenten dazu davon auszugehen, dass die Zeit gekommen war. Als ich sah, wie Er die Botschaft des Lammes in ihre Herzen hineinbrannte und ihre Leidenschaft dadurch noch zunahm da wusste ich, dass eine Generation aufstand, die die Herrlichkeit des Lammes in der gesamten Welt freisetzen würde.

Eine unerschöpfliche Quelle des Segens waren die Pastoren Chris und Susan Clay aus England. Die Clays verkündigen nicht nur die Kraft des Lammes in ihrer Gemeinde und auf ihren Missionsreisen, sie konnten auch miterleben, wie ihre eigene Tochter durch die Kraft des Lammes hier in Brownsville verändert wurde. Sie haben mich angespornt mit der Verkündigung der Botschaft vom Kreuz nicht aufzuhören und beständig eine Generation herauszurufen, um das Lamm zu betrachten.

Unsere Pastoren in Brownsville, Pastor Randy und Suzann Feldschau haben unsere Erweckungsgemeinde und die Schule für den geistlichen Dienst durch eine intensive Übergangszeit hindurch getragen und uns auf eine frische Ausgießung der Herrlichkeit des Lammes vorbereitet. Ihre Unterstützung mit der Botschaft von dem Lamm hat mich begeistert.

Zum Schluss muss ich noch Mel Gibsons Film „Die Passion Christi" erwähnen, der mit dazu beigetragen hat, dass das Lamm offenbart wurde und der Welt Seine Leiden zeigte. Dieses Buch erscheint kurz nach dem Film und wird dabei helfen, die ewige Bedeutung von dem, was mutig im Film gezeigt wurde, in Bildern darzustellen.

Die Zeit ist reif. Das Herz des Vaters wird zufrieden sein, wenn der Sohn die Belohnung dafür bekommt, weil Er Sein Leben als das Lamm Gottes hingab.

Inhaltsverzeichnis

„Und ich sah inmitten des Thrones und der vier lebendigen Wesen und inmitten der Ältesten ein Lamm stehen wie geschlachtet …" (Offenbarung 5,6)

„Er, der Ausstrahlung Seiner Herrlichkeit und Abdruck seines Wesens ist …" (Hebräer 1,3)

„Und die Stadt bedarf nicht der Sonne noch des Mondes, damit sie ihr scheinen; denn die Herrlichkeit Gottes hat sie erleuchtet, und ihre Lampe ist das Lamm." (Offenbarung 21,23)

Anmerkung des Autors
zur dritten Auflage dieses Buches, März 2011

Als ich 2004 *Die Herrlichkeit des Lammes* schrieb suchte ich nach einem Weg, um meinen Kurs der systematischen Theologie in kleine mundgerechte Happen aufzuteilen. Darum entschied ich mich jedes Kapitel mit einer Geschichte von Johannes auf der Insel Patmos zu beginnen, wie er zum Himmel aufschaut und das Lamm Gottes betrachtet.

Allerdings gebe ich nicht vor, dass das wirklich die Gedanken von Johannes waren. Es sind vielmehr meine eigenen anschaulichen Ideen von der Offenbarung, die Johannes bekam als er die strahlende Herrlichkeit von Christus sah. Der Gebrauch dieser biblischen Erzählung ist mein Versuch ein sehr tiefgreifendes Thema für dich lesbarer und verständlicher zu machen. Ich hoffe, dass du die Handlung der Geschichte von der biblischen und theologischen Wahrheit unterscheiden kannst, weil dieses Buch gefüllt ist mit einer tiefen Wahrheit, die dich in Brand setzen wird wenn du sie in deinem Herzen aufnimmst.

Als wir dieses Buch und den Lehrgang „Glory of the Lamb" nach Kenia in Ostafrika brachten konnten wir geradezu sehen wie Feuer vom

Himmel auf die Pastoren und Evangelisten fiel, die gekommen waren, um zu empfangen. Sie berichteten mir: „Wir haben über Dämonen gepredigt und über Wohlstand, aber diese Botschaft wird ganz Kenia in Brand stecken!" Das liegt daran, dass das Feuer Gottes auf die Botschaft des Lammes fällt.[1] Jetzt bringen diese Prediger die Botschaft vom Lamm in die Dörfer und sehen zu wie Wunder geschehen und Seelen gerettet werden.

Ich habe erlebt wie in Hong Kong, Taiwan und Kanada dasselbe Feuer auf die Botschaft vom Lamm fiel und nun breitet es sich auch in Amerika aus.[2] Es ist das Feuer das auf die Verkündigung vom Lamm fällt.

Ich ermutige dich nun, dieses kleine Buch zu lesen oder erneut zu lesen. Es bildet deshalb die Grundlage für eine andauernde Erweckung, weil es die Geschichte von Gottes ewigem Lamm ist. Von Herrlichkeit zu Herrlichkeit, von Grundlegung der Welt an bis zu Seiner Erhöhung und wieder zurück auf den Thron, von der vergangenen Ewigkeit bis zur zukünftigen, dies ist die Geschichte von der *Herrlichkeit des Lammes*.

Literaturverzeichnis:

1. Dies ist die Grundaussage in meinem Buch *The Unquenchable Flame* (*Revival That Never Burns Out*) (Shippensburg,PA: Destiny Image, 2009).

2. Im Juli 2010 besuchte Nathan Morris aus England unsere Gemeinde und predigte über die Kraft des Blutes, das Kreuz und das Lamm. Plötzlich fiel er unter der Kraft Gottes zu Boden und als er wieder aufstand, brach Erweckung in der Church of His Presence in Daphne, Alabama aus und nun in Mobile, Alabama. Daraus entstand die „Bay of the Holy Spirit Revival", mit gewaltigen Wundern, besucht von Menschen aus der ganzen Welt und die sich nun über ganz Amerika ausbreitet.

Einführung: Vernarbte Herzen

Als ich Davids Notiz las brach ich in Tränen aus: „Mein Herz wird durch die Offenbarung des Lammes für immer vernarbt sein!"

Ich weinte weil mir nichts mehr bedeutet als zu sehen, wie der Heilige Geist die Herzen von Jugendlichen berührt. Charles Spurgeon sagte: „Wir sehen den Herrn durchbohrt und es beginnt die Durchbohrung unserer Herzen."[1]

Ich sah diese Durchbohrung der Herzen an einem Sonntagnachmittag auf unserem Camp, während ich dieses Buch einer Gruppe meiner Brownsville Erweckungsschule vorlas. Ganz leise wischten sie sich die Tränen fort aber als ich zu dem Kapitel kam, in dem es um den Kelch des Vaters ging, passierte etwas Erstaunliches.

Sie fingen an zu weinen und einige jammerten sogar. Es war als ob eine unsichtbare Hand in sie hineingegriffen hatte und ihre Herzen anrührte. Eine Studentin sagte: „Als ich das Lamm anschaute und den Kelch den Er trank, spürte ich wie ein Schwert mein Herz durchbohrte. Ein Schleier hob sich hinweg und ich konnte Jesus sehen wie nie zuvor."

Dann sagte sie verständnisvoll: „Jeder sehnt sich nach der Herrlichkeit Gottes aber wir werden diese Herrlichkeit nicht sehen, bevor wir das Lamm nicht gesehen haben!"

Stimmt das?

Kann es sein, dass der Heilige Geist die kommende Welle der Herrlichkeit zurückhält bis wir von einer Leidenschaft für das Lamm ergriffen sind, der Eine, von dem die Herrlichkeit ausgeht? Wir sehnen uns inständig nach der Herrlichkeit Gottes aber könnte Er sich auch nach etwas von uns sehnen? Vielleicht öffnet sich der Brunnen so lange nicht über uns, bis wir mit zitternden Herzen auf den Ursprung geschaut haben.

Gott wird durch die Kraft seines Heiligen Geistes das Lamm offenbaren, so wie das letzte Buch der Bibel eine Offenbarung von Jesus, dem Lamm Gottes ist. Vielleicht wartet Gott auf die Vernarbung unserer Herzen durch das Opfer Seines Sohnes, dem Lamm.

Nur ein verwundeter Gott ist in der Lage die Wunden einer blutenden Welt zu heilen. Traurigerweise verlieren viele Leute bei dem Rummel und der Scheinheiligkeit und der Verleumdung sowie dem Gezanke das sie in den Gemeinden gesehen haben, ihre Leidenschaft. Die Welt wartet darauf etwas Wahres zu sehen. Wenn sie die Botschaft von einem gekreuzigten Gott hören wird, ausgeschüttet aus gekreuzigten Herzen, dann werden sie wieder leidenschaftlich glauben.

Frederick Faber schrieb: „Nur dazusitzen und an Gott zu denken – oh, was ist das für eine Freude! Diesen Gedanken zu denken, den Namen zu flüstern – es gibt auf Erden kein größeres Glück."[2] So lade ich dich jetzt ein einfach nur auf Gott zu schauen. Betrachte *die Herrlichkeit des Lammes* von der Zeit vor Erschaffung der Welt an durch das Alte Testament hindurch und dann im Neuen Testament ins Fleisch gekommen, als Er auf dieser Erde war.

Und nun komm, stelle dich auf einen kleinen Hügel und schaue auf das Lamm der Herrlichkeit, an zwei Holzpfählen hängend: Blut fließt an Seinen Wangen herunter und tropft von Seinem Kinn und Bart. Höre Ihn aufheulen wie ein verwundetes Tier als Er den Kelch des Vaters trinkt. Jonathan Edwards sagte, dass Jesus' hauptsächlicher Auftrag für Sein Kommen auf die Erde der war, diesen Kelch zu trinken.[3] Während du vom Kelch des Vaters liest lass den Inhalt tief in dir brennen, bis deine eigene verzehrende Leidenschaft die ist, dem Sohn die Ehre zu geben weil Er Sein Leben hingab als Lamm.

Dann beobachte das Lamm Gottes wie es von den Toten aufersteht, die Auferstehungskraft in Seinem Herzen ausbrach und das Grab mit Herrlichkeit erfüllte. Siehe den durchbohrten Einen in den Himmel auffahren, während Seine Herrlichkeit die zeitlosen Bereiche der Ewigkeit durchflutet, weil *„Er, der Ausstrahlung Seiner Herrlichkeit und Abdruck seines Wesens ist und alle Dinge durch das Wort seiner Macht trägt, hat sich zur Rechten der Majestät der Höhe gesetzt, nachdem er die Reinigung von den Sünden bewirkt hat;"* (Hebräer 1,3).

So komm jetzt mit mir mit durch die Seiten dieses kleinen Buches, während wir gemeinsam das Lamm betrachten wollen. Wir werden auch zu den Schauplätzen der Erweckung an unserer Bibelschule gehen, um nachzusehen was sich im Leben von vielen Studenten ereignet hat. Inmitten der Erweckung dieser jungen Herzen hat der Herr ganz im Stillen etwas Wunderbares getan. Ich bin mir sicher, dass Er das auch in deinem Leben tun möchte.

Folge mir nun zu einer kleinen Insel mitten im Ägäischen Meer in der Nähe von Griechenland. Lass uns durch das Fenster des Buches der Offenbarung schauen. Lass uns mit den Augen des Apostels Johannes schauen, während er eine Offenbarung vom Lamm empfängt. Schaue auf den verwundeten Einen auf dem Thron bis dein eigenes Herz für immer gezeichnet ist durch eine Offenbarung *der Herrlichkeit des Lammes*.

Dr. Sandy Davis Kirk
Pensacola, Florida

Literaturverzeichnis

1. Charles Spurgeon, „How Hearts Are Softened", *Spurgeon's Expository Encyclopedia*, Vol. 8 (Grand Rapids, MI: Baker Book House, 1977), Seite 377.

2. Frederick W. Faber, zitiert in A.W.Tozer, *The Knowledge of the Holy* (San Francisco: Harper Collins Publishing, 1961), Seite 12.

3. Jonathan Edwards, „Christ's Agony", The Works of Jonathan Edwards, Vol. 2 (Edinburgh: Banner of Truth Trust, 1995), Seite 867.

1. Ewige Herrlichkeit

Das geschlachtete Lamm vor Erschaffung der Welt

Johannes blickt über das Ägäische Meer und beobachtet, wie die Sonne einen orangenen Schimmer auf das kräuselnde Wasser wirft. Er schließt seine Augen zum Gebet. Mit Tränen in den Augen schüttet er seine Liebe vor dem Herrn aus.

Mit einem Mal spürt er den Heilige Geist. Sein Herz zittert und in seinem Inneren breitet sich durch die Gegenwart Gottes Wärme aus. Er schaut nach oben und sieht den Himmel geöffnet. Er blickt in den Thronsaal und hört eine Stimme die ruft: „Siehe der Löwe vom Stamm Juda!"

Der alte Apostel schaut mit den Augen seines Geistes um zu sehen. Was er sieht, nimmt ihm den Atem.

Dort steht Jesus. Er sieht aus wie *„ein geschlachtetes Lamm"* (Offenbarung 5,6).

Das Lamm

Ergriffenheit erfüllt das Herz von Johannes und er bricht in Tränen aus. „Oh mein Jesus!" ruft er.

Obwohl er schon über neunzig Jahre alt ist bewirkt der Anblick seines Herrn, dass er mit neuer Stärke erfüllt wird. Mit all seiner Kraft streckt er sich aus, um die Füße Gottes zu berühren.

Johannes ist von dem Anblick überwältigt. Das ist der Mann mit dem er über drei Jahre zusammen war. Er stand neben Ihm als Er Seine Hände ausstreckte und sickernde Wunden von Leprakranken und blinde Augen berührte. Er beobachtete wie Er im Garten weinte und betete und Blut schwitzte.

Er hatte zugesehen wie die Peitsche Sein Fleisch zerriss und Nägel durch Seine Hände und Füße geschlagen wurden. Er starrte auf das Blut und die Tränen, die an Seinem Gesicht heruntertropften und in Seinem Bart verkrusteten. Er sah zu wie Er jeden brennenden Tropfen aus dem Kelch vom Vater verschlang. Er betrachtete Seine Seite aus der Blut und Wasser hervorströmte.

Er war im Oberen Saal als Jesus am Auferstehungstag erschien und Ihnen allen Seine Hände und Seine Seite zeigte. Er stand auf dem Ölberg und sah wie Er zum Himmel aufstieg und von einer Wolke aufgenommen wurde. Aber nun sieht Er Ihn im Thronsaal stehen und noch immer trägt Er die Wunden wie ein geschlachtetes Lamm.

Hier steht Jesus wie ein glänzender Leuchter, Herrlichkeit strömt von Ihm aus und erfüllt den

Himmel mit Seinem Licht. Von dem Thron gehen Blitze und Donner aus. Ein glänzender Regenbogen durchflutet das ewige Königreich, aber jedes Auge ist auf Eine Person gerichtet – auf Gottes Sohn, der wie ein geschlachtetes Lamm aussieht: *„Er, der Ausstrahlung Seiner Herrlichkeit und Abdruck seines Wesens ist …"* (Hebräer 1,3).

Johannes hört unzählige Engelswesen, Seraphinen, Cherubinen und die himmlischen Sanhedrinen das Lamm anbeten. Er kauert sich auf einen Felsen, denn nun weiß er, er weiß es jetzt wirklich, dass Jesus die Belohnung für Seine Leiden als Lamm bekommt.

Nichts bedeutet dem alten Apostel mehr als dies. Das war seine größte Leidenschaft. Es war sein treibendes Motiv und sein wahres Ziel. Vor allem anderen wollte er, dass Jesus die Belohnung für Seine Leiden empfängt. Wie die Schrift sagt: *„Um der Mühsal seiner Seele willen wird er Frucht sehen, er wird sich sättigen"* (Jesaja 53,11).

Johannes reibt sich die Augen und richtet seinen Blick auf das Lamm, dabei empfängt er eine Offenbarung. Er schluckt wegen der Beklemmung in seinem Hals und weil er weiß, dass die Herrlichkeit des Lammes sich bis zu der Zeit zurückverfolgen lässt, als es die Welt noch gar nicht gab.

Geschlachtet vor der Schöpfung

Für einen Augenblick stellt sich der alte Apostel gedanklich vor was vor Erschaffung in der Gottheit zwischen dem Vater, dem Sohn und dem Heiligen Geist geschah. Seine Wangen beginnen zu glühen wegen dem Geist der Offenbarung. In heiliger Ehrfurcht denkt er über die Frage nach was geschehen war, als Gott der Vater sich Gott dem Sohn zuwandte und fragte: „Sohn, willst du dein Leben als Lamm hingeben?"

Der gesamte Himmel muss wie gelähmt durch diese tiefgründige Frage und ganz still geworden sein. Die Seraphinen, wenn es sie schon gab, mussten ihre antiphonische Anbetung unterbrechen. Die Cherubinen mussten ihre Gesichter mit ihren Flügeln verborgen und geweint haben. Weil dort in der Herrlichkeit der Ewigkeit, bevor die Welten im Weltraum taumelten und die Sterne das Universum erhellten der Vater redete. Darüber haben wir keinen genauen Bericht aber es muss ungefähr so gewesen sein:

Mein Sohn, willst du dich von meiner Seite losreißen und aus der Glückseligkeit der Ewigkeit heraustreten? Willst du in eine gefallene Welt der Sünde, des Todes und der Schmerzen eintreten? Willst du deine Bekleidung der

Herrlichkeit ablegen und Mensch werden? Wirst du zulassen, dass die Haut deines Leibes abgezogen, dein Fleisch in Stücke zerlegt wird, Nägel durch deine Hände und Füße geschlagen werden, dein Rücken und deine Brust in blutige Fetzen zerrissen wird, deine Arme und Beine qualvoll verrenkt werden? Und wirst du mit deinem menschlichen zerrissenen Fleisch, blutend wie ein morgendliches Opfer, mit geschwollener und am Gaumen festsitzender Zunge mir erlauben, den Schmutz der menschlichen Sünde auf dich zu wälzen?

An dieser Stelle musste der Vater eine Pause machen um sich eine Träne abzuwischen. Dann fuhr er mit tiefer Ergriffenheit fort:

Mein Geliebter, willst du in Scham und in Schmerzen am Kreuz hängen, während ich meine Gegenwart von dir zurückziehe und du von deinem Vater Gott völlig verlassen sein wirst? Wirst du dann jeden Tropfen meines Kelches des Zornes hinunterschlucken? Wirst du es zulassen, dass ich dich in die Bestrafung für die menschliche Sünde hineinstürze während du aus jeder Wunde blutest? Willst du das ganz alleine und losgelöst von mir tun? Wirst du dann in das dunkle Grab hineingehen bis du auferstehen wirst mit Strahlen der Auferstehungsherrlichkeit, die aus deinem Herzen hervorbrechen werden? Dann wirst du neben mir auf deinen Thron zurückkehren, auf dem du *„hoch erhoben"* sein wirst (Philipper 2,9). Mein Sohn, möchtest du das Lamm werden, das vor Grundlegung der Welt geschlachtet war? (siehe Offenbarung 13,8).

Während Johannes auf der Insel Patmos über diese erstaunliche Frage nachdenkt erkennt er auf einmal den ewigen Erlösungsbund. Der Bund mit Abraham und alle anderen biblischen Bündnisse sind auf diesen ewigen Bund, der in der zeit- und raumlosen Ewigkeit der Dreieinigkeit stattfand, aufgebaut.[1]

Der alte Apostel malt sich dieses weitreichende Gespräch zwischen Vater, Sohn und dem Heiligen Geist aus und stellt sich vor wie Gott der Sohn langsam seine Augen schließt, seinen Kopf neigt und über diese gewaltige Bitte des Vaters nachdenkt.

Sicher füllten sich die Hallen der Unendlichkeit mit Schweigen. Kein Seraphin gab einen Laut von sich. Die Engel standen bestürzt in der Ewigkeit.

Zeitlose Augenblicke vergingen als der Sohn vorausschaute und sah was ihn erwartete. Er sah sich selbst an zwei Holzpfählen, Sein Gewand der Herrlichkeit abgelegt und bekleidet mit bloßem blutendem Fleisch. Er sah sich selbst von der

Sünde niedergeschmettert und in die wütenden Flammen des Zornes der Bestrafung hineingeworfen. Er sah die implodierende Auferstehungskraft in Seinem Inneren und dann aus Seinem Herzen hervorbrechen. Er sah sich wieder zu dem Thron aufsteigen und wie Er eine von Sünden gereinigte und mit Seiner Herrlichkeit bekleidete Braut bekam.

Und außerdem - sah er *dich*!

„Um der vor ihm liegenden Freude willen" (Hebräer 12,2) erhob er Sein Gesicht und blickte in die Augen des Vaters. Tränen quollen in Seine Augen und Liebe strömte aus Seinem Herzen als Er mit ganzer Kraft rief: „Ja Vater, ich werde gehen! Ich werde mich selbst als Lamm opfern!"
Himmlische Heerscharen müssen vor dem Sohn Gottes niedergefallen sein als Er zustimmte, sich selbst als Lamm zu opfern. Aber sie haben den ewigen Erlösungsbund nicht vollständig verstanden weil die *„Engel hineinzuschauen begehren"* (1. Petrus 1,12).
Die himmlischen Wesen konnten sich nicht vorstellen wie es wohl möglich sei, dass Einer, der von den Engeln verehrt wird *„von Menschen verachtet und verlassen wird"* (Jesaja 53,3). Der gesamten Schöpfung kam jetzt noch nicht der Gedanke an blutendes Gewebe, weinende Augen,

aufschlitzende Peitschen, stechenden Dornen, einschlagenden Nägel und einem stoßenden Speer; dies alles konnten sie sich noch nicht vorstellen.

Wie konnte sich jemand zu einem derartigen Elend erniedrigen? Wie konnte Einer ohne Anfang und ohne Ende dem Tod am Kreuz zustimmen? Wie konnte aus dem gekrönten Prinz ein zerdrückter Wurm werden? Wie konnte der triumphierende Herr ein gefoltertes Lamm werden? Sie wussten es nicht. Sie konnten nur auf ihr Angesicht fallen und rufen: „Heilig, heilig, heilig …"

Dann muss der Vater Seinen mächtigen Arm erhoben und durch die Hallen der Ewigkeit gedonnert haben: *„Das geschlachtete Lamm von Grundlegung der Welt an"* (Offenbarung 13,8).

Der ganze Himmel muss mit herrlichem Gesang erfüllt gewesen sein. Seraphinen – „die feurigen Einen" – brannten noch heller als sie Seine Heiligkeit proklamierten. Die Cherubinen weinten voller Ehrfurcht bei ihrem Gesang. Die unbeschränkten Bereiche der Unendlichkeit wurden mit heiliger Anbetung durchflutet. Von Engelszungen strömte Verehrung durch die grenzenlose und zeitlose Ewigkeit.

Der einzige Ausdruck der Herrlichkeit

Heute stehen wir auf der Erde, spähen durch das Fenster der Heiligen Schrift und sehen mit den Augen des Johannes dieses heilige Fest. Wenn wir jetzt sehen könnten was Johannes eigentlich sah, würden wir dann durch den Glanz und die Helligkeit erblinden?

Paulus war nachdem er die Herrlichkeit Jesu gesehen hatte drei Tage lang blind. Er berichtet uns, dass Jesus *„ein unzugängliches Licht bewohnt, den keiner der Menschen gesehen hat, auch nicht sehen kann"* (1. Timotheus 6,16). Moses Angesicht leuchtete monatelang obwohl er von einem Felsen abgeschirmt wurde, als die Herrlichkeit Gottes an ihm vorüberzog. Der Grund warum die Seraphinen brennen, Mose leuchtete und Paulus erblindete war, dass sie alle die Herrlichkeit des ewigen Lammes betrachteten.

Darum ist der zentrale Vers dieses Buches hier: *„Er, der Ausstrahlung seiner Herrlichkeit und Abdruck seines Wesens ist …"* (Hebräer 1,3). Auf diesen Seiten wollen wir es wagen durch die Augen des Johannes die Herrlichkeit anzuschauen, strahlend von Ewigkeit zu Ewigkeit. Ich bete, dass du beim Lesen Seine herabfließende Gegenwart erlebst, dass sie dein Gesicht erwärmt und dein

Herz verzehrt. Ich bete, dass du den Atem Gottes einatmest und spürst wie die Auferstehungskraft des Lammes durch deine Adern strömt.

Eine Vision entwickeln

Ich habe das besondere Privileg an der Brownsville Revival School of Ministry (BRSM) in Pensacola zu unterrichten und ein Erweckungscamp für eine junge Generation zu leiten. Während ich die Leidenschaft meines Herzens in das Leben junger Leute ausschüttete, erfüllte mich der pulsierende Schmerz in ihren Herzen mit tiefer Betroffenheit. All die Scheidungen und abwesenden Väter unserer Generation haben sie abstumpfen lassen. Darum haben viele von ihnen versucht den Schmerz mit Drogen, Alkohol und Sex zu betäuben.

Aber an der BRSM wurden die Studenten in der Gegenwart Gottes wieder lebendig. Während sie Präsident Richard Crisco in das frühe Morgengebet leitete, öffnete sich der Himmel und der Heilige Geist erfüllte sie. Seine Gegenwart kann man den ganzen Tag lang in den Klassen spüren.

Neulich weinte ich bitterlich als ich den Heiligen Geist sah wie er eine Vision vom Lamm Gottes in die Herzen der Studenten eingravierte. Es ist eine Offenbarung die sie davor bewahrt, wieder in die Sünde hineinzurutschen weil sie ihre Herzen zutiefst berührte. Die Frau eines Pastors erzählte mir: „Meine Tochter hatte viele intensive Erfahrungen mit Gott gemacht. Aber eine Stunde auf dem Fußboden, lachend in der Gegenwart Gottes konnte sie nicht von der Sünde abhalten. Was ihr Herz eroberte und sie in der Heiligkeit festhielt war, als sie das Lamm Gottes sah."

Victor war bereits ein leidenschaftlicher Erweckungsstudent aber er sagte zu mir: „Als ich den Kelch sah, den Jesus für mich trank zerbrach ich. Ich weinte und weinte und weinte. Durch diese Zerbrochenheit brennt meine Leidenschaft noch inniger. Seit ich erkannte was Jesus für mich getan hat ist mein Herz für immer fest in Ihm verankert."

Eines Abends sah ich wie Ryan über das Gelände unseres Camps lief. Sein Gesicht war durch seine innere Leidenschaft ganz gerötet. Sein Herz zersprang förmlich durch das heilige Feuer während er zu Gott rief: „Heiliger Geist, ich möchte bis zum Ende meines Lebens Jesus Christus und Ihn als gekreuzigt verkündigen! Möge mein Herz tagtäglich von dem durchbohrten Einen durchbohrt werden! Ich möchte immer Seine Wunden in meinem Herzen spüren! Leite meine Füße, damit sie in Seinen blutigen Fußabdrücken gehen!"

Darum müssen wir zum Lamm zurückkommen. Inmitten einer herrlichen Erweckung und den gewaltigen Manifestationen des Heiligen Geistes wird eine Offenbarung des Lammes unsere Herzen für immer ergreifen. Was die Frau des Pastors von ihrer Tochter erzählte wird auch unser Herz in der Heiligkeit halten, wenn wir das Lamm sehen.

Das vergessene Lamm

Es geschieht sehr häufig in Zeiten von Erweckung und einer großen Ausgießung von Gottes Herrlichkeit, dass wir zwar die Empfindungen genießen, aber dass wir es nicht schaffen uns auf den Einen zu fokussieren, von dem die Herrlichkeit kommt. Im Himmel ist das Lamm Gottes der zentrale Mittelpunkt, die leuchtende Lampe, der Sonnenschein der Stadt Gottes (siehe Offenbarung 21,23). Wir lieben die Herrlichkeit aber manchmal schauen wir nicht tief genug auf den Einen, der hinter dieser Herrlichkeit steckt.

Wir wollen uns deshalb in diesem Buch auf das Lamm Gottes ausrichten, weil Es die Quelle der Herrlichkeit Gottes ist. Ich bete, dass du beim Lesen beginnst, mit den Augen deines Herzens Gottes demütiges, blutendes Lamm zu sehen. Ich bete, dass Es dir so anschaulich wird, dass du fast die Nägel in Seinen Händen und Füßen anfassen kannst und deine Finger beinahe die Striemen in Seinem Fleisch berühren.

Weißt du, in der postmodernen Gemeinde wurde etwas versäumt. Inmitten von emsigem Trubel, gedeihenden Megagemeinden und persönlichem Streben nach Erfolg haben wir manchmal den allerwichtigsten Aspekt des christlichen Glaubens übersehen: Wir haben das Lamm Gottes vergessen!

Es ist wie in der Geschichte der Eltern, die mit ihren zweijährigen Sohn die Taufe feierten. Während der Feier wanderte das kleine Kind unbemerkt zur Hintertür hinaus und fiel in das Schwimmbecken. Als man es fand war es schon zu spät. Am nächsten Tag konnte man in der Zeitung lesen, „Kleines Kind während seiner Tauffeier ertrunken!"

Genau dasselbe haben wir in der Gemeinde getan. Einmal im Jahr hören wir vielleicht von der Auspeitschung, den Dornen und den Nägeln, aber wann haben wir jemals den Inhalt des Kelches vom Vater angeschaut? Wenn dies der „hauptsächliche Auftrag" war, dass der Sohn auf die Erde kam, um ihn auszuführen, wie Jonathan Edwards sagt,[2] warum haben wir dann den Gegenstand nicht beachtet? Wenn das der Gipfel Seines Opfers war, warum haben wir das dann über 250 Jahre lang in den Gemeinden übersehen? Wie du siehst haben wir während Seiner Feier das kleine Kind ertrinken lassen.[3]

Es ist an der Zeit um Es aus dem tiefen Schatten hervorzubringen und den Stellenwert zu geben, den Es verdient hat. Es ist an der Zeit, das Lamm – welches das Herzstück des Himmels ist – als das Herzstück in die Gemeinde zu platzieren.

Vor allem ist es Zeit für dich, eine Offenbarung des Lammes zu empfangen. Dann wird Es deine größte Leidenschaft, dein reinstes Motiv und dein treibendes Lebensziel werden.

Würdest du Ihm jetzt erlauben damit anzufangen? Öffne einfach dein Herz und komm wie ein kleines Kind. Erlaube Seinen reinen Augen deine Seele zu erforschen und dir alles zu zeigen, was Seine Gegenwart abhält.

Schaue auf zu dem Heiligen Einen – zu dem Lamm, das immer noch die Wunden trägt. Erkenne deine Sünden im hellen Licht Seiner Heiligkeit. Sag Ihm, dass dir alles Leid tut was deine Sicht auf Ihn blockiert hat und lass dich von Seinem Blut völlig rein waschen.

Wenn du Ihn noch nie in dein Herz eingeladen hast, dann rufe Ihn jetzt. Bitte Jesus zu kommen und in dir zu wohnen. Empfange Ihn als deinen Herrn und Erlöser.

Bitte nun den Heiligen Geist zu kommen. Sprich zu Ihm, dem Geist der Herrlichkeit und lade Ihn ein, zu kommen. Flüstere: „Komm Heiliger Geist. Komm jetzt …"

Warte bis du Ihn spürst und zu dir kommt wie eine sanfte Sommerbrise. Öffne dich weit und atme Seine Gegenwart tief ein. Erlaube Ihm jede Faser deines Wesens mit Seiner Gegenwart auszufüllen. Ruhe in Seiner Gegenwart und gehe nicht eher heraus bis du spürst, wie Er dich hält.

Wir kehren nun wieder zur Insel zurück, um durch die Augen des Johannes auf das verwundete, blutende, strahlende Lamm zu schauen. Vom Anfang bis zum Ende, von Alpha bis Omega, von Ewigkeit zu Ewigkeit, komm und betrachte Jesus, wie Er die Herrlichkeit des Lammes ausstrahlt.

Literaturverzeichnis

1. Dieser Bund bezieht sich auf Jesaja 55,3, Hesekiel 37,26 und Hebräer 13,20. Es ist der Bund, auf dem der Adamitische, der Noahische, der Mosaische, der Davidische und der Neue Bund gegründet ist und in Seinem Blut ruht. Dieser Bund der Dreieinigkeit vor Erschaffung der Welt wird als „der Erlösungsbund" bezeichnet (Wayne Grudem, *Systematic Theology*, Leicester, England: InterVarsity Press, 1994), Seiten 518-519.

2. Jonathan Edwards, „Christ's Agony", The Works of Jonathan Edwards, Band 2 (Edinburgh: Banner of Truth, 1995), Seite 867.

3. Während so gut wie alle evangelikalen Bibelschulen und Seminare die stellvertretende Bestrafung von Jesus lehren, wird dies heute eher selten von den Kanzeln verkündigt.

2. Schöpfungsherrlichkeit
Die Herrlichkeit des Sohnes im Garten Eden

Der alte Apostel sitzt auf einem steinigen Felsvorsprung und blickt zum Himmel. Eine Eisenkugel hängt an der Kette die an seinem Fußgelenk befestigt ist. Er wurde auf diese Insel verbannt um *„des Wortes Gottes und des Zeugnisses Jesu willen"* (Offenbarung 1,9). Dennoch bemerkt er seine Ketten fast gar nicht. Wie das Sonnenlicht das Mondlicht verschluckt, so verschluckt die Herrlichkeit der Gegenwart Gottes das Leid der Verfolgung.

Johannes nimmt eine Buchrolle und beginnt zu schreiben. Er weiß dass diese Vision aufgeschrieben werden muss damit auch andere diese Offenbarung bekommen. Während dem Schreiben spürt er wie sein Puls zu rasen beginnt und sein Gesicht wegen der Offenbarung des Lammes ganz heiß wird.

In der Offenbarung beschreibt er neunundzwanzig Mal das Lamm Gottes. Eigentlich heißt Offenbarung in der griechischen Sprache Apokalypse und bedeutet „Enthüllung". Enthüllung kommt von Gott und bedeutet: „Das was Gott über sich selbst offenlegt." Das englische Wort für Offenbarung (revelation) hat eine lateinische Wurzel und bedeutet, „den Schleier wegnehmen."[1] Darum enthüllt die Offenbarung des Johannes *die Herrlichkeit des Lammes*.

Bekleidet mit der Herrlichkeit des Sohnes

Ein warmer Strom der Offenbarung brennt auf dem Gesicht von Johannes, während er an den Augenblick zurückdenkt, als Elohim bei Tagesanbruch zu der Schöpfung sprach. Gott sprach: *„Es werde Licht!"* (1. Mose 1,3) und auf einmal bricht das Licht des Sohnes im Universum aus und überflutet die Unendlichkeit mit *der Herrlichkeit des Lammes*.

Das war göttliches Licht weil die Sonne, der Mond und die Sterne erst am vierten Tag erschaffen wurden (1. Mose 1,14-15). Es war kein Sonnenlicht sondern das Licht des Sohnes.[2] Ununterbrochen floss *die Herrlichkeit des Lammes* durch die zeit- und raumlose Ewigkeit, da der Sohn *„die Ausstrahlung Seiner Herrlichkeit und Abdruck seines Wesens ist …"* (Hebräer 1,3).

Johannes denkt darüber nach, wie es war, als *„Gott den Himmel und die Erde schuf"* (1. Mose 1,1). Johannes kennt das hebräische Wort für erschaffen das bārā heißt und „etwas aus dem absoluten Nichts erschaffen" bedeutet.

Dann schöpfte Gott der Sohn Ton aus der Erde, um den Körper eines Menschen zu formen.

„Denn in ihm ist alles in den Himmeln und auf der Erde geschaffen worden, das Sichtbare und das Unsichtbare, es seien Throne oder Herrschaften oder Gewalten oder Mächte: alles ist durch ihn und zu ihm hin geschaffen" (Kolosser 1,16).

Johannes stellt sich vor, wie der Sohn dieses irdene Gefäß an Seine Brust nimmt und in die Nase hineinbläst.

Plötzlich atmet Adam. Sein Herz beginnt zu schlagen und Blut pulsiert durch die Arterien und Venen. Kraft strömt in die Muskeln hinein. Nerven beginnen Impulse zum Gehirn zu übertragen. Sehkraft erfüllt seine Augen, die sich ganz allmählich zuckend öffnen.

Nun schaut Adam in das Angesicht Gottes. Er blickt hinein in die Augen voll ewiger Liebe.

In diesem göttlichen Augenblick lächelt Gott der Sohn auf diesen Sohn Seiner Schöpfung herab. Von Seinem Gesicht strömt Licht wie eine Meereswelle über Adam und tränkt ihn vom Kopf bis zu den Füßen, weil der Sohn *„die Ausstrahlung Seiner Herrlichkeit und Abdruck Seines Wesens ist"* (Hebräer 1,3).

Weil die Sünde sein Herz noch nicht erreicht hat, braucht Adam vor der Herrlichkeit nicht geschützt zu werden. Mose wird später in einer Felsspalte verborgen werden müssen, während die Herrlichkeit Gottes an ihm vorüberziehen wird, aber Adam wandelte in der unverhüllten

Herrlichkeit Gottes. Nackt und ohne Scham ist er bekleidet mit *der Herrlichkeit des Lammes.*

Ruach!

Für Adam ist in Eden die Luft zum Atmen mit Gottes Gegenwart gefüllt. Es ist Gottes Atem, Sein *ruach*, das hebräische Wort für „der Atem oder der Wind von Gott."

Dass Adam mit Gott in der „Kühle des Tages" wandelt bedeutet, dass er in „der Atemluft Gottes des Tages" wandelt, da das Wort *kühl* dasselbe hebräische Wort ist wie *ruach.*

Johannes weiß, das *ruach*, der Atem oder der Odem Gottes, mindestens sechsmal in Hesekiel 37 erwähnt wird. Der Herr sagte: *„Siehe, ich bringe Odem [ruach] in euch, dass ihr wieder lebendig werdet"* (Vers 5). *„Und er sprach zu mir: Weissage dem Odem"* [*ruach*] (Vers 9). Johannes weiß aus Erfahrung, das der *ruach* Leben in tote Gebeine bringt.

Er erinnert sich an den Augenblick, als der Sohn Gottes ihn angehaucht hatte. Jesus kam und trat nach seiner Auferstehung in ihre Mitte. *„Empfangt Heiligen Geist"* (Johannes 20,22), sagte er und hauchte sie an.

Johannes inhalierte, atmete den Odem Gottes wie einen frischen Wind ein der bewirkte, dass sein gesamtes Wesen zum Leben erwachte. Früher war er mit Jesus zusammen und spürte seine göttliche Gegenwart, aber nun war es für ihn so, als wenn heiliger Wind in ihn hineinströmen würde. Er hatte das Gefühl, das der Heilige Geist seine durstige Seele stillte.

Johannes erinnert sich, wie er sogar noch mehr *ruach* Gottes an Pfingsten einatmete: *„Und plötzlich geschah aus dem Himmel ein Brausen, als führe ein gewaltiger Wind daher, und erfüllte das ganze Haus, wo sie saßen"* (Apostelgeschichte 2,2). Johannes fiel auf seine Knie und atmete den heiligen Wind Gottes tief ein. Von diesem Tag an war ich nicht mehr derselbe, dachte er und dabei stieg ein zartes Gefühl in seinem Herzen auf.

Gottes Atem der Erweckung

Robert Coleman, Direktor des Instituts für Evangelisation am Wheaton College im Billy Graham Center definiert Erweckung als ein „einatmen des Atems Gottes". Er sagt: „Erweckung bedeutet, aufzuwachen und zu leben."[3]
Als der Geist Gottes an Himmelfahrt 1995 in unsere Gemeinde hineinwehte, wurde sie dabei erweckt. Auch wenn Finsternis die Erde bedeckt, Nationen durch Krieg und Terror erschüttert

sind, bläst Gott vom Himmel her und lädt uns ein Seinen Herrlichkeits-Wind tief einzuatmen. Endlich weckt Er Seine Gemeinde auf und offenbart Seine Herrlichkeit.

Fünf Minuten in der Gegenwart und Herrlichkeit Gottes zu sein verändert alles. Beinahe täglich berichten mir Studenten wie sich ihr Leben dadurch verändert hat, weil sie in dieser Atmosphäre waren. Viele von ihnen waren mit Hass und Selbstmordgedanken gefüllt und drogenabhängig. Als sie aber die Erweckung hier in Brownsville besuchten oder irgendeinen anderen Ort der Erweckung wurde ihr Leben komplett verändert. Die Gegenwart Gottes verändert besonders eine hungrige, junge Generation.

Eine Bestimmung, für die es sich zu sterben lohnt

Als die 18-jährige Mary aus England hier eintraf war sie lebenslustig und rebellisch und nicht im Geringsten an einer Begegnung mit Gott interessiert. Sie war einfach nur auf Urlaub hier und wollte möglichst viel von Amerika sehen. Ihre weisen Eltern, Pastoren einer Gemeinde in Macclesfield, England hatten ihr angeboten, die Reise nur unter der Bedingung zu bezahlen, wenn sie eine christliche Einrichtung besuchen und dort auch bleiben würde. Nachdem sie zwei Tage lang bei uns war, hatte sie eine Begegnung mit Gott und wurde überführt. Schon bald lag sie auf Knien, weinte und rief zu Gott. Sie legte ihre Pläne in Nottingham, England zur Universität zu gehen beiseite und kam hierher.

An einem Samstagabend begleitete sie mich zu einem Treffen mit evangelistischen Studenten, bei denen ich eingeladen war um über das Lamm zu sprechen. Während der Botschaft spürte ich den Heiligen Geist sehr stark, so dass ich kaum noch sprechen konnte. Es wurde noch stärker als ich vom Kelch des Vaters sprach, über den Jesus in Gethsemane weinte und den Er am Kreuz vollständig austrank (mehr darüber in Kapitel 5 und 6).

Nach der Verkündigung lud ich die Studenten ein nach vorne zu kommen sodass ich für sie beten konnte, damit sie eine Offenbarung des Lammes empfangen. Ich selbst kann keinem diese Offenbarung geben, aber ich kann beten und den Heiligen Geist bitten, es zu tun. Ich fing an zu beten und dann sah ich Mary.

Niemand hatte sie berührt aber sie lag auf dem Boden und weinte sich das Herz aus. Sie war seit zwei Monaten errettet, aber später erzählte sie mir: „Ich verliebte mich in Jesus als ich Ihn als das Lamm sah". Die Veränderungen, die ich danach an ihr sehen konnte, waren erstaunlich. Sie kehrte zum Weihnachtsfest nach England zurück, besuchte die Gemeinde ihres Vaters und tat aufrichtig Buße. Sie bat um Vergebung für das Doppelleben das sie geführt hatte und erzählte, wie sie Jesus als das Lamm gefunden hatte. Vor den Augen aller bekannte sie das vor ihrem Vater und die meisten von ihnen fingen an zu weinen. Der Geist der Buße fegte durch die Gemeinde und ihr Vater konnte nicht weiter predigen. Dies war der frühe Same der Erweckung in einer wunderbaren englischen Gemeinde.

Während sie zuhause war sagte eine Freundin zu ihr: „Oh, jetzt gehst du wohl nicht mehr mit uns in die Pubs um etwas zu trinken und um all die anderen Dinge zu tun, die wir früher gemacht haben?" Mary schaute sie mit Tränen der Liebe in ihren Augen an. „Anna, Gott ist real. Es gibt ihn wirklich!" Ein Jahr später kam Anna auf Besuch hierher und kurz darauf hatte auch sie ihre Sünden zu den Füßen Jesu ausgeweint.

Ist es das wonach diese junge Generation im Grunde genommen sucht? Der Rummel, den sie in christlichen Kreisen gesehen haben schreckt sie ab. Die Gleichgültigkeit die sie in vielen Gemeinden erlebt haben lässt sie kalt zurück. Zweifel und Misstrauen beherrscht ihr Denken.

Wenn sie etwas Reales sehen, wenn sie die echte Gegenwart Gottes erleben und wie sie auf sie herabfließt, dann laufen sie zu diesem Strom des Lebens. Tränen der Liebe brechen aus ihren Augen hervor, ihre Herzen beginnen vor Leidenschaft zu brennen weil sie einen verzweifelten Hunger nach einer spürbaren Erfahrung mit Gott haben. Und wenn der Heilige Geist ihre Herzen öffnet, den Schmerz herauszieht und sie mit einer Offenbarung der Herrlichkeit des Lammes füllt, dann sind sie danach verändert. Sie brauchen einen Grund der es wert ist dafür zu sterben, damit sie wirklich leben können.

Er nahm die Sünde auf sich

Ein gesalbtes Lobpreislied, welches den Himmel für uns öffnet und uns dabei hilft auf das Lamm zu schauen heißt „Über allem." Der Refrain spricht Bände zu unseren Herzen:

Gekreuzigt und hinter einen Stein gelegt, lebtest Du, um zu sterben, abgelehnt und einsam. Wie eine Rose, die auf dem Boden zertrampelt wurde, nahmst du die Sünde auf dich und dachtest vor allem an mich.[4]

Verstehst du was das bedeutet? Weißt du wie Jesus die Sünde der Menschheit auf sich nahm? Wir gehen in der Geschichte bis zum Garten Eden zurück und sehen Adam und seine Frau, die bis zum Sündenfall (1. Mose 3,20) nicht Eva genannt wird. Schaue wie sie beide in der Herrlich-keit Gottes baden; schaue nun auf das Kreuz und siehe, wie der Sohn Gottes seine Herrlichkeit ablegt und wie Er selbst in Seinem eigenen Blut badet.

Blicke zurück und beobachte Adam wie er in der Kühle des Tages im süßen Hauch der Gegenwart Gottes wandelt; schaue nun auf zu Gott, wie Er Seine Gegenwart wegreißt und in der Hitze des Tages Seinen Zorn über dem Sohn lodern lässt.

Wirf einen kurzen Blick auf Adam und seine Frau, die sich selbst erhöhen wollen, um zu werden *„wie Gott"* (1. Mose 3,5); schaue nun auf den Sohn, der sich selbst erniedrigt, um „ein Lamm" zu werden. Schaue zurück auf einen Sohn, der sich hinter einem Baum vor dem Vater versteckt; schaue jetzt auf und erkenne, wie der Vater sich vor dem Sohn versteckt, der jetzt am Kreuz hängt.

Blicke zurück und höre Gottes Rufen: „Sohn, wo bist du?" Richte jetzt deinen Blick fest auf das Kreuz und höre, wie der Sohn ruft: „Mein Gott, wo bist du?"

Sieh wie Adam aus dem Garten vertrieben wird, um sich im Schweiße seines Angesichts abzuquä-len; Blicke auf Jesus, wie er sich im Gebet ab-quält bis der Schweiß auf Seiner Stirn zu Blut wird.

Schaue zurück wie Gott den Boden mit Dornen und Disteln verflucht; schaue nun nach vorne und erkenne wie diese Dornen das Haupt des Sohnes durchbohren.

In jeglicher Hinsicht nahm Er die Sünde auf sich. Wegen des Sündenfalls wird die Schlange die Ferse des Samens der Frau zermalmen; am Kreuz zermalmt der Same der Frau den Kopf der Schlange (siehe 1. Mose 3,15 und Kolosser 2,15).[5]

Blicke zurück und sieh wie die Cherubim mit flammenden Schwertern den Weg zum Baum des Lebens und den Strom Gottes bewachen. Aber schaue auf das Lamm, wie der Speer eines Soldaten den Baum des Lebens durchbohrt und Ströme des lebendigen Wassers freisetzt.

Blicke zum Sündenfall zurück und schaue auf Adam, der vernarbt ist, seit eine Braut aus seiner Seite genommen wurde. Schaue nun auf das Lamm, das immer noch vernarbt ist, seit eine Braut aus Seiner Seite genommen wurde.

Schaue zurück auf den Sündenfall, wie ein Sohn und eine Tochter mit Tierfellen bekleidet wurden, vermutlich Lammfell; schaue nun auf zu dem Einen, der dich mit der *Herrlichkeit des Lammes* bekleidet.

Auf jede Art und Weise nahm Jesus, das Lamm Gottes, die Sünde der Menschheit auf sich. So wie es in diesem Lied heißt: „Wie eine Rose, die auf dem Boden zertrampelt wurde, nahmst du die Sünde auf dich und dachtest dabei vor allem an mich."

Er dachte an dich

Im Morgengrauen der Schöpfung öffnete Adam seine Augen und blickte in das Angesicht des Sohnes Gottes. Willst du das auch?

Öffne die Augen deines Herzens und schaue auf zu Jesus. Erblicke das herrliche Licht das in seinen Augen strahlt und sieh Sein warmes, liebevolles Lächeln über dir. Er starb um dir das zu geben. Erinnere dich an die Worte: „Du nahmst die Sünde auf dich und dachtest dabei vor allem an mich." Lass diesen Gedanken tief in dich hineinsinken. Sprich ihn zu dir selbst: „Er dachte an mich." Blicke in einen Spiegel, schau in deine Augen und sag es zu dir: „ Er nahm die Sünde auf sich und dachte vor allem an mich!"

Glaube es. Empfange es.

Lass dich von Seiner Herrlichkeit bedecken wie Adam bei seiner Erschaffung. Lass dich von dem Einen bekleiden, der „die Ausstrahlung der Herrlichkeit Gottes ist". Lass dich durch das „Licht, die Ausstrahlung oder den strahlenden Glanz des göttlichen", mit Schöpfungsherrlichkeit bekleiden.

Blicke mit den Augen deines Herzens in das Gesicht des Sohnes *„denn Gott, der gesagt hat: Aus Finsternis wird Licht leuchten! Er (ist es), der in unseren Herzen aufgeleuchtet ist zum Lichtglanz der Erkenntnis der Herrlichkeit Gottes im Angesicht Jesu Christi."* (2. Korinther 4,6).
Trinke in Seiner Gegenwart bis dein Gesicht strahlt und deine Augen aufleuchten vom Licht der Herrlichkeit des Lammes.

Literaturverzeichnis

1. J. Rodman Williams, *Renewal Theology*, Band 1 (Grand Rapids, MI: Zondervan Publishing House, 1992), Seite 32-33.

2. J. Rodman Williams, *Renewal Theology*, Band 1, Seite 110. Williams beschreibt dieses „kosmische Licht" als „Ätherwellen, erzeugt durch energiegeladene Elektronen. Eine andere Möglichkeit dies zu verstehen ist es an die Kräfte des Elektromagnetismus zu denken, die durch das Wort aktiviert wurden. Daher wurde Licht aus der Finsternis gerufen." Williams zitiert Carl F.H. Henry: „Das Licht, das die Finsternis am ersten Schöpfungstag erschütterte, war kein durch himmlisches Gestirn ausgesandtes Licht (dieses wurde erst am vierten Schöpfungstag erschaffen, 1,14-19); es war vielmehr das Licht, beauftragt von Elohim, um das Chaos der Finsternis außer Kraft zu setzen" (Carl. F. H. Henry, in *God, Revelation and Authority*, Band. 6, Punkt 2 [Waco, TX. Word Publishers, 1976], Seite 136.

3. Robert E. Coleman, „What is Revival?" *Accounts of a Campus Revival*, Timothy K. Beougher and Lyle W. Dorsett, ebds, (Wheaton, IL: Harold Shaw Publishers, 1995), Seite 13-14.

4. Paul Baloche und Lenny LeBlanc, „Above All" (Integrity's Hosanna Music/ASCAP & LenSongs Publishing, 1999).

5. 1. Mose 3,15 wird als Protevangelium bezeichnet, die erste Weissagung über den Messias im Alten Testament.

3. Seine Herrlichkeit betrachten
Lämmer in der Heiligen Schrift

Johannes schaut wieder voller Ehrfurcht auf Jesus. Nichts kommt dieser Begegnung mit Gott gleich. Strahlende Helligkeit erfüllt die Atmosphäre. Leuchtende Regenbogen umgeben den Thron. Das Aussehen Jesu ist eine Quelle von Herrlichkeit.

Die Gegenwart Christi ergießt sich über Johannes. Es ist Leben und Erfrischung, Kraft und Freude. Der alte Apostel trinkt und trinkt diese süße Lieblichkeit in sich hinein. Er denkt dabei an das reine Wunder dieser Herrlichkeit, die vom Lamm Gottes ausgeht.

Die Herrlichkeit

Johannes kennt das hebräische Wort für „Herrlichkeit", *Kabod*, welches „schwer, gewichtig, tiefgreifend bedeutsam" bedeutet. Weil Seine Herrlichkeit eine gewisse Schwere hat kann sie durch unsere menschlichen Sinne wahrgenommen werden.

J. Rodman Williams sagt in seinem Buch *Renewal Theology*, dass Herrlichkeit die „Pracht und die Erhabenheit ist, die durch jeden Aspekt von Gottes Wesen und Seinem Handeln durchscheint."[1]

Jonathan Edwards beschrieb Herrlichkeit als ein „Leuchten Gottes" das von Ihm ausgeht und wieder zu Ihm zurückkehrt.[2] Francis Frangipane benannte in einem Interview im christlichen Fernsehen die Herrlichkeit einfach als „Nektar Gottes."[3]

Insbesondere ist die Herrlichkeit das Wesentliche, das vom Lamm Gottes ausgeht. Jesus ist der Ursprung, das Gefäß, der Behälter der ewigen Herrlichkeit Gottes.

Johannes wischt sich die Feuchtigkeit aus seinem Gesicht und schließt seine Augen; sein zartes Herz sehnt sich nach dem Herrn. Allein über die Herrlichkeit nachzudenken überwältigt ihn und stillt zutiefst den nagenden Hunger in seinem Inneren.

Lämmer im Alten Testament

Die Gedanken des alten Apostels eilen in der Geschichte zurück bis zu den Schlachtritualen der Lämmer in den hebräischen Schriften. Er denkt an Abels Opfer das Gott angenommen hatte, weil Blut aus einem unschuldigen Lamm floss (siehe 1. Mose 4,2-4). Johannes weiß um die Bedeutung weil dieses von Jesu Blut sprach, dem reinen und unschuldigen Lamm Gottes.

Er erinnert sich an das Passahlamm und wie Gott zu Mose sagte, dass es nicht *roh oder in Wasser gekocht* verzehrt werden durfte sondern nur *über dem Feuer gebraten* (siehe 2. Mose 12,9-10). Johannes weiß, dass diese Flammen, die das Lamm Gottes braten vom Zorn Gottes und Seiner Bestrafung sprechen, während Er am Kreuz leidet.

Johannes denkt an das Sühneopfer am Versöhnungstag, oder Jom Kippur, an dem der Hohepriester das Blut siebenmal auf den Vorhang des Heiligtums sprengte (siehe 3. Mose 4,6,17). Warum siebenmal? Johannes hatte sich darüber schon immer gewundert. Im hellen Licht der Offenbarung erkennt Johannes, dass das Fleisch Jesu, welches den Vorhang symbolisierte, siebenmal mit seinem eigenen Blut besprengt wurde.

Das erste Mal war in Gethsemane, als Blut seine Stirn bedeckte und seine Kleidung durchtränkte. Das zweite Mal auf dem römischen Pflaster, während die Peitschen sein Fleisch aufschlitzten. Das dritte Mal als Seine Stirn von der Dornenkrone zerstochen wurde. Das vierte Mal als Nägel durch Seine Hände geschlagen wurden. Das fünfte Mal als Seine Füße mit Nägeln durchbohrt wurden. Das sechste Mal als der Speer Seine Seite durchdrang. Das siebte Mal als das Herz Jesu zerriss und sein Blut herausfloß.[4]

Dies führt die Gedanken des Apostels zu den täglichen Brandopfern. Johannes weiß, dass Feuer vom Himmel kam als Aaron zur Einweihung der Stiftshütte das ganze Brandopfer auf den Altar legte: *„Und Feuer ging vom Herrn aus und verzehrte auf dem Altar das Brandopfer und die Fettstücke"* (3. Mose 9,24).

Johannes erinnert sich weiter daran, wie David den Herrn an dem Ort anrief, an dem er ihm einen Altar gebaut, Brandopfer und Heilsopfer dargebracht hatte: *„Und der Herr antwortete ihm mit Feuer, das vom Himmel auf den Altar des Brandopfers fiel"* (1. Chronik 21,26). Als dann Salomo zur Einweihung des Tempels das Brandopfer auf den Altar legte, *„da fuhr das Feuer vom Himmel herab und verzehrte das Brandopfer und die Schlachtopfer"* (2. Chronik 7,1).

Warum kam auf diese drei Opfer Feuer vom Himmel herab, wie bei Elias Brandopfer auf dem Berg Karmel? (siehe 1. Könige 18,38). Weil Gott ihnen zeigte, dass das Feuer Seines ewigen Zornes – weitaus schlimmer als jedes wortwörtliche, physische Feuer – schließlich auf Seinen eigenen Sohn herunterbrennen würde, wenn Er sich selbst als Brandopfer am Kreuz hingeben wird.

„Siehe das Lamm Gottes!"

Johannes spürt einen Kloß im Hals während er sich an den Tag zurück erinnert, an dem er am

Fluss stand und das erste Mal das Lamm Gottes erblickte.

Das Wasser des Jordan war zu dieser Jahreszeit noch eiskalt. Schmelzwasser vom Berg Hermon bilden den Oberlauf des Jordan, fließen hinunter zum See Genezareth, dann nach Süden in Richtung Jericho und münden schließlich in das Tote Meer.

Johannes stand in der Menschenmenge die sich zur Taufe von Johannes dem Täufer versammelt hatte. Der Jünger sah den robusten Propheten an, der plötzlich vom Taufen aufschaute.

Beim Blick in das Gesicht des Täufers berührte ihn etwas in seinem Herz. Es war, als ob eine Millionen Sonnen seine Vision zum Platzen gebracht hätten. Er wurde knallrot im Gesicht und zitterte am ganzen Körper.

Vor dreißig Jahren als Johannes noch im Mutterleib war kam Maria, seine schwangere Verwandte in den Hof, um seine Mutter Elisabeth zu begrüßen. Sogleich wurde Elisabeth vom Heiligen Geist erfüllt und Johannes hüpfte im Mutterleib.

Als nun der Täufer aufschaute und Jesus zu sich kommen sah, hüpfte sein Geist wieder. Er hob seinen Arm und zitterte. Auf Jesus zeigend donnerte er: *„ Siehe, das Lamm Gottes, das die Sünde der Welt wegnimmt!"* (Johannes 1,29).

Mit dieser kurzen Predigt, wahrscheinlich die beste Predigt die jemals verkündigt wurde, wird die Bedeutung des Lammes erklärt. Jesus ist die Erfüllung des Passahlammes, die Erfüllung der Lämmer des täglichen Brandopfers und die Erfüllung des Lammes für die Sühneopfer, deren Blut in Strömen vor den großen Altar geflossen war.

An dem Tag, an dem Johannes das Lamm Gottes sah, veränderte sich sein Leben. Dein Leben wird sich durch das Betrachten des Lammes auch verändern. Spurgeon sagte: „Viel über das Lamm Gottes nachzudenken beschäftigt deinen Verstand mit dem großartigsten Thema im Universum.“[3]

Das zerschlagene Lamm

Als er wieder zurück auf das Lamm schaut, bekommt das Herz des Apostels einen spürbaren Stoß. Während er die Narben sieht, die sichtbar in Sein Fleisch eingraviert sind, eilen seine Gedanken zu dem Augenblick zurück, in dem er auf Jesus am Kreuz blickte.

Er sah die Tränen auf Seinen Wangen und wie sie sich mit dem Speichel der wütenden Priester und Soldaten vermengten. Er blickte auf die Nägel in Seinen Händen und die klauenartigen Finger als ob Er damit nach Gott, Seinem Vater, greifen würde. Er sah den Schmerz in Seinen Augen und hörte die Qualen in Seinen Schreien.

Tränen quellen aus Johannes´ Augen und ein Schluchzen füllt seine Kehle während er an den Einen denkt, der Sein Gewand der unendlichen Herrlichkeit ablegte um sich selbst in blutige Fleischfetzen zu kleiden – unsterblich und jetzt also sterblich wie ein Mensch; allgegenwärtig und jetzt beschränkt auf einen Ort und an das Kreuz geheftet, allmächtig und nun kraftlos aufgehängt; allwissend und jetzt fragend: „Mein Gott, warum?"

Die Demut Gottes berührt ihn zutiefst. Der Höchste erniedrigt sich um der Geringste zu sein! Der Größte wird zum Kleinsten! Der König wird zum Verbrecher! Der Schöpfer wird zum Gekreuzigten! Der Mächtige wird zum Durchbohrten!

Johannes krümmt sich vor weinen. Er kann die Gefühle der Ergriffenheit kaum zurückhalten weil er etwas erkennt: Als der Zorn über Jesus ausbrach, setzte Er Ströme der Barmherzigkeit, der Gnade und Liebe und Heiligkeit und all die anderen zahllosen moralischen Eigenschaften Gottes frei. Als Er vom Tod auferstand und an Pfingsten Seinen Heiligen Geist zu uns sandte, wurden diese göttlichen Eigenschaften freigesetzt und flossen wie ein gewaltiger Strom vom Himmel.

Ja, die Traube gefüllt mit dem süßen Wein der Herrlichkeit wurde zerdrückt um Seine Güte über uns freizusetzen. Jetzt können wir den Nektar Gottes zu uns nehmen, das Wesen des Lammes.

In meinem Kurs der systematischen Theologie versuchte ich eines Tages dieses Auspressen bildhaft darzustellen. Ich füllte Wasser in eine Glasvase und bat die Studenten diese Vase als den Leib Jesu zu betrachten, gefüllt mit Barmherzigkeit und Liebe und all den göttlichen Eigenschaften.[6] Dann nahm ich einen Hammer und fing an auf die Vase zu schlagen. „Sie peitschten Ihn aus, durchbohrten Ihn mit Dornen und spießten Ihn mit Nägeln auf", sagte ich. Dann nahm ich den Hammer hoch und rief: „Aber als der ewige Zorn des Vaters auf Ihn herabdonnerte zerbrach Sein Herz." Ich schlug auf die Vase dass sie zerbrach und das Wasser in eine Plastikschüssel neben meinen Füßen lief.

Ich langte nach unten und nahm die Vase die zerbrochen am Boden lag. Ich hielt den Rest dieser zerbrochenen Vase hoch und sagte: „Das hier ist nun Jesus – ein leeres Gefäß – das in ein Grab gelegt wurde." Ich nahm einen Wasserkrug und goss etwas Wasser in den Rest der zerbrochenen Vase und sagte: „Als die Gegenwart des Heiligen Geistes in das Grab eindrang und in die Hülle Seines Körpers strömte, wurde die Kraft Gottes freigesetzt und durchflutete das Grab mit Auferstehungsherrlichkeit! Genauso kannst du mit Gottes Eigenschaften erfüllt werden, weil sie nun auf dich herabfließen!"

Ich tauchte ein Glas in das Wasser in der Schüssel, zeigte auf das Glas und sagte: „Das hier bist du, gefüllt mit Seiner Güte. Und weil Jesus den Lebensstrom ausgegossen hat kannst du jetzt durstigen Seelen den mit lebendigem Wasser gefüllten Becher geben!"

Von der visuellen Darstellung was Jesus für sie als das Lamm getan hat, waren die Studenten tief bewegt. Wir konnten Ihn nur noch anbeten.

Das Lamm anbeten

Als Lindell Cooley Lobpreisleiter in Brownsville war sah ich, wie die Leidenschaft für das Lamm aus seinem Herzen ausbrach. Es war am ersten Freitagabend des Erweckungsgottesdienstes im Jahr 2003 als er mitten in der Anbetungszeit mit zittriger Stimme rief: „Ich ereifere mich für den Herrn! Ich weiß, dass viele von euch denken, dass das nur Musik ist. Die Musik bedeutet mir nichts! Das Herz des Einen, der für mich starb, ist mir wichtig! Er ist mir wichtig und was ich für Ihn empfinde!"

Dann fuhr er leidenschaftlich fort: „Als wir den Refrain sangen: ‚Würdig ist das Lamm…' fragte ich mich, ob die Leidenschaft deines Herzens wohl aus deinem Mund hervorbrechen könnte und ob du das für Jesus freisetzen würdest."

Dann sagte er: „Die Bibel sagt in der Offenbarung, ‚Würdig ist das Lamm! Würdig ist das Lamm das geschlachtet wurde'! Aber wir wissen nicht, was das bedeutet. Wir nehmen an, dass wir es wüssten, weil wir an Ostern eine gute Predigt darüber hören."

Dann rief Lindell: „Wir haben keine Ahnung davon, dass der Liebling des Himmels, Jesus Christus, einen Palast verließ und in eine Krippe kam um mit Kriminellen zu sterben, damit du und ich nicht den geistlichen Tod sterben müssen!"

Mit zunehmender Ergriffenheit rief er laut: „Ich war Almosenempfänger, ein Dieb und ein Lügner! Ich war beschämt, in Süchten gefangen und ganz tief unten im Dreck! Jetzt bin ich ein Kind Gottes!" Dann rief er: „Würdig! Würdig! Würdig", und setzte sein Lied fort: „Würdig ist das Lamm, das auf dem Thron sitzt!" Dann brach die gesamte Kirche los:

Krönt Ihn mit vielen Kronen,
der siegreich regiert,
hoch und erhaben, Jesus, Sohn Gottes;
der Liebling des Himmels, gekreuzigt.
Würdig ist das Lamm![7]

Immer wieder priesen wir das herrliche Lamm Gottes und dabei öffnete sich eine Quelle der Herrlichkeit über uns. Die Gegenwart Gottes erfüllte die Atmosphäre. Jeder Atemzug, jede Zelle unseres Wesens wurde mit Heiligkeit und mit himmlischem Leben gefüllt.

Das war unbeschreibliche Freude, unaussprechlicher Friede, grenzenlose Kraft und unergründliche Herrlichkeit. Es gibt nichts Vergleichbares zu dem Wunder in der manifesten Gegenwart Gottes zu stehen. „Die Erkenntnis, dass Gott gegenwärtig ist, ist gesegnet", schrieb Tozer, „aber seine Gegenwart zu spüren, ist nichts weniger als völliges Glück."[8] Weinend verloren wir uns in der Anbetung des Lammes.

Sein leuchtendes Angesicht

Eines Tages wurde die blinde Fanny Crosby, Autorin von zahllosen Hymnen, gefragt: „Wünscht du dir, sehen zu können?" Mit einem Lächeln erwiderte sie: „Nun ja, das Gute daran, blind zu sein ist, dass das allererste Gesicht, in das ich schauen werde, das Gesicht von Jesus sein wird."[9]

Ich bin davon überzeugt, dass der Grund für das Schreiben der Hymnen von Fanny Crosby der ist, dass sie das Gesicht von Jesus bereits gesehen hat. Mit den Augen ihres Herzens hat sie das Lamm schon betrachtet.

Ich glaube, dass der Heilige Geist dir diese Vision auch geben möchte. Er möchte, dass du wie Johannes in die Ewigkeit hineinschaust, wo du Gottes ewiges Lamm betrachten kannst.

Warum tust du das nicht gleich? Schließe deine Augen und richte die Augen deines Herzens in Richtung des Himmels. Schaue durch die Augen von Johannes auf den Einen der Gottheit, den er jetzt gerade sieht. Er kann weder den Vater sehen, noch den Heiligen Geist, aber er kann Jesus sehen. Du kannst das auch, den Gott- Mensch, den Einen, der aussieht wie ein geschlachtetes Lamm.

Wenn du Ihn siehst, dann schaue in das Gesicht, das heller als die Sonne leuchtet. Betrachte die Liebe in Seinen Augen. Spüre die Wärme in Seinem Lächeln. Sauge dich wie ein Schwamm voll mit Seinem Erbarmen, Seiner Gnade, Seiner Liebe und Seiner Heiligkeit. Sättige dich an der Quelle des Lichts, wie der Psalmist schrieb: *„Sie laben sich am Fett deines Hauses und mit dem Strom deiner Wonnen tränkst du sie. Denn bei dir ist der Quell des Lebens, in deinem Licht sehen wir das Licht."*(Psalm 36, 9,10) Lass dich vom Licht Seines Angesichtes durchdringen.

Bei der Geburt meines ersten Enkelkindes war die Haut wegen Gelbsucht verfärbt. Der Arzt empfahl meiner Tochter und mir, ihn nur mit einer Windel bekleidet an ein Fenster zu legen.

Als er dann die Sonnenstrahlen mit seiner Haut förmlich aufsaugte wurde sein Blutkreislauf gereinigt und seine Haut wurde wieder völlig normal.

Die meisten von uns sind wie mein kleines Enkelkind: unser Blutkreislauf ist verunreinigt. Wir müssen in die Gegenwart der Strahlen von Gott, dem Sohn, kommen und das Licht Seiner Herrlichkeit in uns aufnehmen.

Wenn du jeden Tag die Herrlichkeit im Gesicht des Lammes betrachtest dann wird, ohne dass du es wirklich wahrnimmst, dein Blutkreislauf gereinigt und dein Gesicht wird anfangen zu leuchten. Wenn du Seine Herrlichkeit widerspiegelst wirst du dadurch verändert werden: *„Wir alle aber schauen mit aufgedecktem Angesicht die Herrlichkeit des Herrn an und werden so verwandelt in dasselbe Bild von Herrlichkeit zu Herrlichkeit“* (2. Korinther 3,18).

Weißt du, fünf Minuten das Lamm anzuschauen und sich in Seiner Gegenwart vollzusaugen kann alles verändern. Es wird dein Herz weicher machen, deine Seele erfrischen, deine Gefühle heilen und dir eine ewige Perspektive geben. Praktiziere das jeden Tag und du wirst, durch die Betrachtung der Herrlichkeit des Lammes, verändert werden

Literaturverzeichnis

1. J. Rodman Williams, *Renewal Theology*, Band 1 (Grand Rapids, MI: Zondervan, 1992) Seite 79.

2. Jonathan Edwards, „God's Chief End in Creation," Die Werke von Jonathan Edwards, Band 1 (Edinburgh: Banner of Truth Trust, 1995), Seite 119.

3. Francis Frangipane, in „Praise the Lord," Trinity Broadcasting Network, 2002.

4. Siehe Kapitel 6 über das Zerreißen des Vorhangs von dem Fleisch von Jesus.

5. Charles Spurgeon, *„Behold the Lamb,"* Spurgeon's Expository Encyclopedia, Band 3 (Grand Rapids, MI: Baker Book House, 1977), Seite 110.

6. Die moralischen Eigenschaften sind: Seine Güte, Liebe, Erbarmen, Demut und viele andere zahllose Eigenschaften, die den Menschen gegeben werden können. Seine unaussprechlichen, transzendenten Eigenschaften sind: Seine Allmacht, Seine Allwissenheit, Seine Allgegenwart, Sein Gott-Sein, Sein ewig-Sein, Seine Unveränderlichkeit und all die Eigenschaften, die den Menschen nicht gegeben werden können.

7. Darlene Zschech, „Worthy is the Lamb," aus You Are My World (Hillsong Publishing, 2000).

8. Allen Fleece, zitiert in A. W. Tozer, The Knowledge of the Holy, (San Francisco: Harper Collins Publishing, 1961) Seite 76.

9. Matt Redman, „The Unquenchable Worshipper," Good News Magazine, Heft 35, Nr. 6 (Mai/Juni 2002), Seite 17.

4. Herrlichkeit im menschlichen Fleisch

Die Fleischwerdung von Jesus Christus

Die Gischt des Meeres sprüht in das Gesicht des alten Apostels, mischt sich dabei mit seinen Tränen und tropft an seinem Kinn herunter. Er ist so tief in seinen Gedanken versunken, dass er sich dessen nicht einmal bewusst ist. Es scheint dass je länger er das Lamm betrachtet, umso mehr empfängt er das Licht der Offenbarung. Wie der morgendliche Sonnenaufgang am Horizont scheint das Licht der Offenbarung in seine durstige Seele hinein.

Johannes spürt förmlich wie die offenbarte Herrlichkeit, ausgehend vom Lamm Gottes vom Himmel auf ihn herabströmt. Er denkt daran was im Alten Testament mit der Herrlichkeit geschah.

Herrlichkeit im Allerheiligsten

Er erinnert sich wie die Herrlichkeit, eingehüllt in einer Wolke, in Moses Stiftshütte über dem Allerheiligsten schwebte. Später wohnte sie in der Hütte Davids, einem kleinen Zelt auf dem Berg Zion in Jerusalem. Schließlich wurde der große

Tempel von Salomo in Jerusalem zu einem Ruheort für Gottes Herrlichkeit.[1]

Johannes weiß jedoch, dass die babylonische Armee im Jahr 586 v. Chr. in Jerusalem einfiel und den Tempel zerstörte.

Hesekiel hatte eine Vision. Er sah die Herrlichkeit des Herrn wie sie sich emporhob und den Tempel vor der Zerstörung verließ. Er sah die Herrlichkeit wie sie sich auf den Flügeln der Cherubim lagerte, an der Türschwelle zögerte, als ob sie es bedauern würde, zu gehen und dann über den Berg emporstieg, der im Osten der Stadt ist. (siehe Hesekiel 10,18-19; 11,23).

Über vierhundert Jahre lang wurde die Herrlichkeit des Herrn nicht mehr auf der Erde gesehen. Serubbabels Tempel, der auch der zweite Tempel genannt wurde, wurde gebaut. Die älteren Menschen aber, die das erste Haus gesehen hatten, weinten mit lauter Stimme, weil sie wussten, dass die Herrlichkeit des Herrn gewichen war (siehe Esra 3,12).[2] In den Tagen des Neuen Testaments würde der Herodianische Tempel gebaut werden, aber immer noch würde die Herrlichkeit Gottes hinter dem Vorhang im Allerheiligsten nicht gegenwärtig sein.

Die Herrlichkeit kehrte nicht wieder auf die Erde zurück, bis zu dem einen stillen Abend in der kleinen Stadt Nazareth. Mit aufkommender Freude erinnert sich der alte Apostel an den Au-

genblick in dem die Herrlichkeit, ins Fleisch gekommen, vom Himmel auf die Erde kam.

Die Menschwerdung

Johannes schließt seine Augen und denkt daran
wie er Maria zuhörte, als sie ihre Geschichte erzählte. Ehrfürchtig berichtete sie ihm, was der
Engel Gabriel zu ihr gesagt hatte: *„Der Heilige
Geist wird über dich kommen und Kraft des
Höchsten wird dich überschatten; darum wird
auch das Heilige, das geboren wird, Sohn Gottes
genannt werden"* (Lukas 1,35). Johannes kennt
das griechische Wort für *überschatten*, *Episkiazo*,
welches „in glänzendes Licht einhüllen" bedeutet.
Sein Verstand ist überwältigt. Das Wunder der
Menschwerdung bedeutet: Gott „in Fleisch".
Der das Universum mit Galaxien gesprenkelt hat,
mit Sternen und Planeten, erschuf sie aus absolut gar nichts, wurde Mensch und kam ins
Fleisch. Der Seinen Kopf zärtlich an die Brust des
Vaters legte, legte nun Seinen Kopf in eine Fut-
terkrippe. Er, dessen Herrlichkeit die Ewigkeit
füllte, füllte jetzt den Körper eines Babys.

Spurgeon staunte:

Der unbeschränkte Gott, der alles ausfüllt, der war und ist und kommen wird, der Allmächtige, der Allwissende und der Allgegenwärtige lässt sich dazu herab und hüllt sich, wie wir, in ein Gewand aus minderwertigem Ton. Er hat alles erschaffen und nun lässt Er sich dazu herab das Fleisch eines Lebewesens anzunehmen … Der Unendliche verknüpfte sich mit einem Kind und der Ewige vermischte sich mit Vergänglichkeit.[3]

Theologen nennen dies die „*hypostatische Einheit*", die Einheit zwischen Gott und Mensch, die Vereinigung des göttlichen mit menschlicher Natur.[4]

Und Er wiederum, „*der in Gestalt Gottes war und es nicht für einen Raub hielt, Gott gleich zu sein, machte sich selbst zu nichts*" (Philipper 2,6-7).

Diese Selbstentleerung des Sohnes Gottes wird *Kenosis* genannt und bedeutet: Er gab die unabhängige Ausübung Seiner übernatürlichen Eigenschaften auf und wurde vollständig vom Vater und dem Heiligen Geist abhängig.

Lichtstrahlen Seiner Herrlichkeit

Der alte Apostel denkt an die strahlende Herrlichkeit die um den Herrn herum ausbrach. Er erinnert sich wie Maria davon berichtete, wie der Himmel hell erleuchtet war und wie Engel an dem Tag Seiner Geburt Seine Herrlichkeit besangen. Als sie und Josef Ihn in den Tempel gebracht hatten, stürzte der alte Prophet Simeon auf sie zu, nahm Ihn auf seine Arme und rief: *„Er ist ein Licht zur Offenbarung für die Nationen und zur Herrlichkeit deines Volkes Israel!"* (siehe Lukas 2,32). (Johannes schrieb in seinem Evangelium so viel über die Herrlichkeit Jesu, dass sein Buch „das Evangelium der Herrlichkeit" genannt wird.) Überall wo Jesus hinkam, so erinnert sich Johannes, erstrahlte der Ort mit Gott. Durch Seine Lehren und Seine Wunder sah er Lichtstrahlen Seiner Herrlichkeit von Ihm ausgehen. Darum schrieb Johannes, als Jesus in Kana Sein erstes Wunder tat, indem Er Wasser in Wein verwandelte: *„Und offenbarte Seine Herrlichkeit"* (Johannes 2,11). Und kurz bevor Er Lazarus von den Toten auferweckte, sagte Er zu Marta: „Habe ich dir nicht gesagt, *wenn du glaubtest, so würdest du die Herrlichkeit Gottes sehen?"* (Johannes 11,40).

Aber in noch weit größerem Maße als die Herrlichkeit Seiner Lehren und Wunder berührte die Herrlichkeit Seines Erbarmens das Herz von Johannes. Wenn er manchmal seinen Kopf an die Brust des Meisters lehnte, konnte er fast schon das Erbarmen spüren und wie es in Jesus immer mehr anstieg.

Der Jünger Jesu schaute oft zu, wie Jesus mit der Volksmenge Mitleid hatte und innerlich bewegt war (siehe Matthäus 9,36, 14,14, 20,34). Das griechische Wort für Mitleid ist *Splagchnizomai* und bedeutet: Das tiefste Innere verzehrt sich vor Mitleid. Obwohl Er vom Himmel kam wo es keine Tränen und Schmerzen gab, kam Er als Mensch zu uns, damit er eine Wahrnehmung davon bekommen konnte wie sich nagender Hunger anfühlt, brennender Durst, fallende Tränen, Muskelschmerzen, auszubluten und vor Schmerz völlig verzerrt zu sein.

Obwohl Er ganz Gott war, kannte Jesus das Gefühl von Tränen die in Seine Augen quollen und in Seinem Gesicht hinunter tropften. Seine Tränen waren flüssiges Erbarmen, destilliert in Feuchtigkeitstropfen. Sie enthielten Gottes Leidenschaft und Pathos, in Flüssigkeit gelöst und aus Seinen Augen quellend. Seine Tränen zeigten die Herrlichkeit Seiner Liebe, die an Seinem Gesicht hinabtropfte.[6]

Nie zuvor hatte Johannes die Herrlichkeit so leuchtend im Gesicht von Jesus gesehen, wie in der Nacht, in der die Jünger Ihm auf den Berg nachfolgten, um zu beten.

Die Herrlichkeit von Christus

Bei ihrem Aufstieg war es beinahe Mitternacht.
Schneereste bedeckten den Berg und reflektier-
ten das Mondlicht. Schließlich hielt Jesus an, erhob Sein Haupt zum Gebet und begann zu leuchten.

Johannes rieb sich die Augen weil er kaum glau-
ben konnte was er sah. Jesus leuchtete wie die
Sonne. Der Jünger war erstaunt. Er konnte das
Licht wahrnehmen das von Jesus ausging. Sein
Herz klopfte heftig in seiner Brust und sein Ge-
sicht glühte vor der Hitze der Herrlichkeit. Gottes
Gegenwart war so stark, dass es ihm schwer fiel
zu atmen. Es war der Himmel auf Erden.

Es war so, als ob die Herrlichkeit, die einmal hinter dem Vorhang schimmerte und über der Bundeslade ruhte, nicht mehr länger durch den Vorhang des Fleisches von Jesus zurückgehalten
werden konnte. Die Herrlichkeit in Ihm strahlte
aus jeder Pore Seiner menschlichen Haut. Charles Spurgeon sagte: „Wie das Licht aus der Later-
ne herausströmt, so strömte die Herrlichkeit der
Gottheit durch das Fleisch von Jesus." [7]

In diesem Augenblick lösten sich alle Zweifel des
jetzt noch jungen Johannes in Luft auf. Er hatte
gehört wie Jesus lehrte, er hatte zugeschaut wie
Er auf dem Wasser ging, sah wie Er Blinde heilte
und Tote auferweckte. Aber als er die Herrlich-

keit auf dem Berg sah wusste er, dass Jesus Christus *Gott* ist. So schrieb er sicherlich mit bangem Herzen und zitternder Hand: *„Und das Wort wurde Fleisch und wohnte unter uns, und wir haben Seine Herrlichkeit angeschaut, eine Herrlichkeit als eines eingeborenen vom Vater, voller Gnade und Wahrheit.“* (Johannes 1,14)

Johannes weiß jedoch, dass er den Reichtum der Herrlichkeit Christi niemals völlig offen darlegen und beschreiben kann. Spurgeon sagte: „Nicht einmal die Ewigkeit wird dazu ausreichen, die Gesamtheit der Herrlichkeit Gottes zu entdecken, welche durch die Person des fleischgewordenen Wortes strahlt.“[8]

Die Bibel sagt, dass der Mond und die Sonne sich schämen werden im Vergleich zu der Herrlichkeit des Sohnes: *„Da wird der Mond schamrot werden und die Sonne sich schämen. Denn der Herr der Heerscharen herrscht als König auf dem Berg Zion und in Jerusalem, und vor seinen Ältesten ist Herrlichkeit“* (Jesaja 24,23).

Du könntest nach draußen gehen und so lange in die Sonne am Himmel schauen, bis du davon blind wirst. Wenn du aber deine Augen auf das strahlende Gesicht des Lammes richtest, dann wird dein Sehvermögen gereinigt, dein Blick wird sich stärker entwickeln, deine Sicht wird klarer und dein Herz wird mit Seiner Herrlichkeit erstrahlen.

Wie bei Stephanus, der das Gesicht von Jesus sah wird auch dein Gesicht mit der Herrlichkeit Gottes leuchten. Spurgeon sagte von Jesus: „Er ist die Sonne unseres Tages; Er ist der Stern unserer Nacht; Er ist unser Leben; Er ist das Leben unseres Lebens; Er ist unser Himmel auf Erden und Er sollte unser Himmel im Himmel sein." [9] Er ist tatsächlich *„die Ausstrahlung seiner Herrlichkeit und Abdruck seines Wesens …"* (nach Hebräer 1,3).

Ein Schwert durch die Seele

Bevor wir das Lamm wirklich sehen können muss etwas in der Tiefe der menschlichen Seele passieren. Es ist so ähnlich wie zu der Zeit, als Simeon das Jesus Baby im Tempel hielt. Er sprach von Seiner Herrlichkeit, aber seine letzten Worte, die jedoch meistens übersehen werden, sind für die Kirche heute von zentraler Bedeutung. Er schaute Maria in die Augen und sagte: *„Aber auch deine eigene Seele wird ein Schwert durchdringen."* (Lukas 2,35)

Das muss heutzutage in der Kirche geschehen. Wir brauchen eine Durchbohrung unserer Seelen. Sie geschieht wenn durch Seine Zerbrochenheit am Kreuz unsere Herzen zerbrechen. Spurgeon sagte: „Die Durchbohrung unseres Herzens beginnt, wenn wir den durchbohrten Herrn sehen."[10]

Darum brach ich an dem Tag in Tränen aus, als ich in mein Büro ging und eine Rose in einer Blumenvase sah. Auf dem angehefteten Zettel schrieb David, einer von meinen Studenten: *„Mein Herz wird durch die Offenbarung des Lammes für immer vernarbt sein!"* Ich weinte weil mir nichts mehr bedeutet als zu sehen, wie der Heilige Geist die Herzen einer jungen Generation durchbohrt.

Seitdem haben mir die Studenten ständig berichtet, wie der Heilige Geist ihre Herzen gebrandmarkt hat. Bei unserer BRSM Abschlussfeier bezeugte Elisabeth: „Jesus hat mein Herz mit einer Offenbarung des Lammes durchbohrt!"

Könnte es das sein, wovon Paulus in Römer 2,29 spricht: *„Beschneidung ist Beschneidung des Herzens durch den Geist"*?

Ja, wenn der Heilige Geist sein Schwert durch die Seele eines Gläubigen zieht, bewirkt das tiefe Heiligkeit im Herzen. Eines Morgens kam Lea mit Tränen der Überführung in den Augen zu mir. Sie erzählte mir, wie der Herr ihr den ganzen Sommer über eine Offenbarung über das Lamm ins Herz legte. Aber in dem Licht Seiner Heiligkeit erkannte sie ihre eigene Unheiligkeit. Ihre Stimme bebte, als sie mir in die Augen schaute und sagte: „Ich habe in zwei Abschlussprüfungen gelogen."

Mit betrübtem Herzen bekannte sie, dass sie nicht sämtliche Vorlesungen besucht hatte, obwohl sie mir das in der Prüfung versicherte. *Ich werde das im Sommer nachholen*, sagte sie zu sich selbst. *Der Herr wird das schon verstehen.* Aber in dem hellen Licht der Heiligkeit des Lammes wurde sie von ihrer Sünde überführt. Wir beteten gemeinsam und sie bereute alles vor dem Herrn. Sie absolvierte die fehlenden Vorlesungen mit gutem Gewissen, aber es begann mit einer Herz-durchbohrenden Offenbarung des Lammes.

So war es auch mit der Frau des Pastors die über ihre Tochter sagte: „Als sie das Lamm erblickte, wurde ihr Herz ergriffen und Er hielt sie in der Heiligkeit."

Mein Gebetsanliegen ist, dass der Heilige Geist seiner gesamten Kirche diese Offenbarung bringt. Bevor wir das wirklich erleben können halte ich es für wichtig, dass das Schwert des Herrn die Schichten religiöser und materieller Maßstäbe und die Eitelkeit in der Kirche, die unsere Augen bedecken, durchschneidet.

Es ist wie in der Geschichte mit dem Mädchen das von Geburt an blind war. Sie hatte noch nie einen Sonnenuntergang gesehen, den Abendhimmel oder beobachtet, wie ein Vogel mit Blättern und Zweigen ein Nest baut. Vor allem hatte sie noch nie ihren Vater gesehen, der besorgt an ihrem Bett saß, während der Arzt nach einer Operation den Verband von ihren Augen nahm.

Große Erwartung stieg in ihrem Innersten auf, als sie dachte, *bald werde ich in das Gesicht meines Vaters schauen*! Endlich wurde die letzte Binde entfernt und Licht fiel in ihre Augen. Sie blinzelte und sah langsam scharf. Sie schaute auf und sah ihren Vater der sie anlächelte. Sie versuchte zu sprechen aber ihre Stimme versagte. Sie berührte sein Gesicht und dann platzte sie heraus: „Oh Vater, du bist noch schöner als ich mir das erträumt hatte!"

So ist Jesus. Er ist schöner als wir ihn uns jemals erträumt haben, aber wir sind in gewisser Hinsicht alle blind gewesen. Wir haben eine Operation an den Augen unserer Herzen gebraucht, damit wir das Lamm wirklich sehen können.

So komm jetzt mit zu den nächsten beiden entscheidenden Kapiteln, dem Kernstück dieses Buches. Bitte den Heiligen Geist, das er Sein Schwert durch dein Herz zieht und dir eine göttliche Offenbarung von dem Lamm schenkt.

Bete, damit Er dir das Geheimnis der Herrlichkeit des Kelches zeigt, den Jesus für dich am Kreuz ausgetrunken hat. Bitte Ihn, damit das volle Ausmaß dieses Kelches auf dein Herz trifft und er dann eine Offenbarung des Lammes in die Tiefe deiner Seele meißelt.

So komm jetzt in Demut und mit geistlichem Hunger, weil nichts dein Herz so weich macht wie eine langanhaltende Betrachtung des Lammes.

Stetiges Betrachten erzeugt stetiges durchbohrt sein, bis Schwielen weich werden, Schuppen sich ablösen, Taubheit aufhört und wir das Ausmaß Seines Opfers wirklich erkennen können. Dann und nur dann werden wir vollständig *die Herrlichkeit des Lammes* betrachten.

Literaturverzeichnis

1. Salomos Tempel, so wurde beschrieben, hatte Fenster, „die drinnen eng und außen weit waren." Die Rabbiner begründeten das damit, dass sie damit die Finsternis der Welt außerhalb des Heiligtums halten wollten, aber „das Licht der Shekinah die Welt erleuchten sollte." (Nr. Rabbah 15.2, zitiert in D. Moody, „Shekinah", *The Interpreter's Dictionary of the Bible* [Nashville: Abingdon Press, 1962], Seite 318).

2. Serubbabels Tempel wurde 516 vor Christus fertiggestellt.

3. Charles Spurgeon, „The Great Mystery of Godliness", *Spurgeon's Expository Sermons*, Band 3 (Grand Rapids, MI: Baker Book House, 1977), Seite 10.

4. Wayne Grudem, *Systematic Theology*, (Leicester, England: Inter-Varsity Press, 1994), Seite 558.

5. Dies wären Eigenschaften, die nur Er besitzt: Seine Allgegenwart, Seine Allmacht und Allwissenheit, weil Er völlig vom Vater und dem Heiligen Geist abhängig war.

6. An und für sich berichten die anderen Evangelien von Matthäus, Markus und Lukas mehr von der Barmherzigkeit Jesu als Johannes, aber weil er ein Augenzeuge von der Barmherzigkeit Jesu war, empfand ich, dass es wichtig war, diese Gedanken über die Barmherzigkeit von Jesus mit einzubeziehen.

7. Charles Spurgeon, „The Great Mystery of Godliness", *Spurgeon's Expository Sermons*, Band 3, Seite 10.

8. Charles Spurgeon, „The Glory in the Face of Jesus Christ", *Twelve Striking Sermons* (London: Marshall, Morgan & Scott, Ltd, 1953), Seite 141.

9. Charles Spurgeon, *2200 Quotations from the Writings of Charles Spurgeon*, Tom Carter, comp. (Grand Rapids, MI: Baker Book House, 1988), Seite 111.

10. Spurgeon sagte: „Der Anblick, der uns so segnet ist, um ein weiches Herz zu bekommen, der Blick auf Jesus, den durchbohrten Einen ... Es ist nicht die Betrachtung von Jesus als Gott allein, welches eine Auswirkung auf das Herz hat, sondern denselben Herrn und Gott zu betrachten, der für uns gekreuzigt wurde. Wir sehen den Herrn durchbohrt, und die Durchbohrung unseres Herzens beginnt. (Charles Spurgeon, „How Hearts Are Softened", *Spurgeon's Expository Encyclopedia*, Band 8, Seite 377).

5. Die Herrlichkeit des Kelches
Warum schwitzte Jesus Blut in Gethsemane?

Johannes ruft sich eine weitere Ausdrucksform von Gottes Herrlichkeit in Erinnerung. Doch dieses Mal strömte keine Herrlichkeit aus den Poren Seiner Haut wie bei Seiner Verklärung, dieses Mal verströmte Er *Blut*!
Ohne eine Peitsche oder Dornen oder Nägel, die erst später Sein Fleisch zerrissen, wurde das Blut durch Seine Haut gepresst, wie Öl aus einer Olive gepresst wird. Der alte Apostel denkt mit aufwallenden Gefühlen an die Nacht in Gethsemane, was so viel bedeutet wie „Ölpresse".

Erster Teil vom Blut des Lammes

Bildlich ruft er sich die Nacht in Erinnerung, in der er dem Meister auf dem Weg aus der Stadt heraus folgte und wie sie beide den Bach Kidron überquerten. Das Wasser war vom Blut der geschlachteten Lämmer dunkelrot und lief vom Tempelberg hinab, es war nämlich die Zeit des Passahfestes. Johannes wusste, dass Jesus auf dem Weg war das Passahlamm zu werden und Sein eigenes Blut fließen zu lassen, genauso wie das blutrote Wasser des Kidron.

Bald darauf betraten sie Gethsemane. Johannes erinnert sich wie die Olivenblätter im Mondlicht silbrig glänzten. Mit stechendem Schmerz erinnert er sich daran, dass Jesus ihn bat zu beten. Jesus rief: *„Meine Seele ist sehr betrübt, bis zum Tod"* (Matthäus 26,38), aber Johannes schlief ein.

Aufgeschreckt durch eine tiefe Erschütterung direkt neben ihm erwachte der Jünger. Er hob seinen Kopf und hörte ein stöhnendes Geräusch, wie von einem heulenden Tier. Nun … es war Jesus, betend.

Johannes robbte näher zum Herrn. Er blinzelte und konzentrierte sich. Was er im Licht des Passah Mondes sah, verschlug ihm den Atem.

Hier lag Jesus, der Eine, in dem die Herrlichkeit der Ewigkeit wohnte im Schmutz und durchtränkt von Seinem eigenen Blut. Blutklumpen beklecksten Sein Gewand und fielen zu Boden. Johannes war zutiefst erschüttert. Dies war der erste Teil des Blutes des Lammes, welches durch einen Hohepriester im Allerheiligsten Gebet dargebracht wurde.

Lukas schrieb: *„Und als er in Angst war, betete er heftiger. Es wurde aber sein Schweiß wie große Blutstropfen, die auf die Erde herabfielen"* (Lukas 22,44). Das griechische Wort für Tropfen heißt Thrombus und bedeutet „große, dicke Tropfen von geronnenem Blut."[1]

Jonathan Edwards sagte, das Blut von Jesus fiel deshalb in Klumpen zu Boden, weil das Blut von der kalten Nachtluft „geronnen und erstarrt war."[2] Allerdings versuchen manche, dass lediglich als sehr starken Schweiß zu bezeichnen, wobei Schweiß nicht gerinnen kann. Dies war nichts anderes als Menschenblut, ausgetreten aus den Venen des Lammes.

Aus welchem Grund? Was veranlasste den Erlöser große Tropfen Blut zu schwitzen? War es die Furcht vor der römischen Geißel, in der Knochenreste und Metall eingearbeitet waren und die Sein Fleisch in Stücke zerfetzen würde? War es die Angst vor den Dornen, die sich in Seine Stirn bohren würden oder die Nägel, die Seine Hände aufspießen würden? Schreckte Er vor der Schmach und der Erniedrigung durch Seine Feinde zurück, die Seinen entkleideten, blutigen Körper wie hungrige Falken anstarren würden?

Verzagte Er im Angesicht des Schmutzes menschlicher Sünde, welche der Vater über Ihm ausschütten würde? Haben Ihn die Peinigungen der Dämonen eingeschüchtert, die sich auf Ihn geworfen haben und gierig an der Sünde schlemmten? Ist Er vor dem Schwert zurückgewichen das Seine Seite durchbohrte und dazu führte, dass jeder Tropfen Seines Blutes zu Boden fiel? Wurde Er von dem eisigen Gedanken des Todes überwältigt? Hat Ihn der Gedanke des kalten

Erdreiches im Grab übermannt? Viele Märtyrer hingen mutig am Kreuz oder legten ihren Kopf in den Richtblock aufgrund ihres Glaubens an Gott. War Jesus ein größerer Feigling als diese Märtyrer? Schreckte Er vor dem Schmerz zurück, die Gegenwart des Vaters zu verlieren?

Die Abkehr Seines Vaters war zwar über alle Maßen entsetzlich. Endlos hatte Er im *„Schoß des Vaters"* (Johannes 1,18) gewohnt, in persönlicher Gemeinschaft, als Teil der Dreieinigkeit. War der Gedanke an diese Trennung der Grund der dazu führte, dass das Blut durch Seine Poren gepresst wurde und in Klumpen zu Boden fiel?

Ich frage *dich*, warum brach das Blut von Jesus durch Seine Poren während Er im Garten betete? Weißt du warum? Was konnte eine derartige extreme Angst im Herzen unseres Herrn verursachen? Die Antwort dazu finden wir in Seinem Gebet.

Spähe nochmals durch die Olivenblätter im Garten und höre zu ... *„Vater"*, brüllte Er, *„wenn du willst, nimm DIESEN KELCH von mir weg" (Lukas 22,42).* Was ist denn das für ein Kelch?

Eine Offenbarung des Kelches

Diese Worte von Jesus prallen in den Tiefen des Verstandes von Johannes zusammen, während er auf Patmos zu dem Lamm aufblickt. Er atmet tief ein, hält die Luft an und bereitet sich innerlich darauf vor, in den Inhalt des Kelches hineinzuschauen. Er hatte ihn bereits gesehen, aber nun bricht die volle Offenbarung darüber, wie ein Gewitter über seiner empfindlichen Seele aus.

Zuerst denkt er darüber nach was im Alten Testament über den Kelch berichtet wird. Der Psalmist warnte: *„Denn ein Becher ist in der Hand des Herrn, schäumender Wein voll Würze"* (Psalm 75,9). Damit sich die berauschende Wirkung verstärkt wurden dem Gebräu Gewürze beigemengt. Dieser Kelch in Gottes Hand war *„gefüllt mit ZORNWEIN"* (Jeremia 25,15; siehe auch Jesaja 51,17). Dies ist schlussendlich der Kelch, den alldiejenigen trinken werden die Jesus ablehnen, gefüllt mit *„Wein des Grimmes Gottes, … der unvermischt im KELCH SEINES ZORNES bereitet ist."* (Offenbarung 14,10) [3]

Jeremia sagte, dass wenn die Nationen diesen Kelch trinken, sie *„taumeln und sich wie toll aufführen"* (Jeremia 25,16) werden. Johannes weiß: Als Jesus diesen Kelch trank rief Er: *„Mein Gott, mein Gott, warum hast du mich verlassen?"* (Matthäus 27,46). Theologen nennen dies den Schrei der absoluten Verlassenheit.[4] Warum kam so ein Schrei von den Lippen des Erlösers? Weil Er den KELCH DES ZORNES getrunken hatte![5]

Die Schultern von Johannes beginnen zu zittern bis sein ganzer Körper bebt. Noch nie hatte ihn das so betroffen gemacht. „Jesus", rief er dem Lamm zu, „es ist kein Wunder, dass dich der Gedanke an den Kelch getötet hat. Du hast mich zum Gebet aufgefordert. Du hast gesagt: ‚*Meine Seele ist sehr betrübt bis zum Tod*' (Matthäus 26,38). Aber ich konnte nicht einmal wach bleiben! Oh Gott, vergib mir!"

Bevor Jesus den Kelch am Kreuz trank, gab es etwas, das noch viel schlimmer war als einzuschlafen. In unserer heutigen Zeit, nachdem Jesus den Kelch schon geleert hat, schläft die Kirche, für die Er ihn austrank. Wir haben unsere Leidenschaft für das Kreuz verloren, weil wir nie richtig in den feurigen Kelch hineingeschaut haben. Wir wissen nicht, was Er für uns getan hat. Einmal im Jahr sprechen wir über die Nägel, die Peitschen und das Blut. Selten aber, wenn überhaupt, betrachten wir den Kelch.

Hast du jemals eine Predigt darüber gehört?[6] Hast du jemals ein Buch darüber gelesen? Oh, ich frage dich – warum haben wir es so versäumt, in diesen Gegenstand hineinzuschauen? Ich persönlich glaube, dass das der Gipfel ist, der Dreh- und Angelpunkt, das Wichtigste der Bibel. Der Kelch ist der Höhepunkt Seines Wirkens am Kreuz. Jonathan Edwards sagte, es war der „hauptsächliche Auftrag", wofür Er auf die Erde kam.[7]

Feuertaufe

Das Herz von Johannes zerspringt vor Kummer, und er spürt die Hitze des Feuers in seinem Gesicht. Er weiß, dass dies das Licht der Offenbarung ist während er es wagt, noch einmal in den Kelch des Vaters hineinzuschauen. Plötzlich kann Johannes den Inhalt sehen. Er sieht die hochschlagenden Flammen. Er sieht den brennenden Busch.[8] Er sieht „Feuer vom Himmel" auf das Brandopfer, das auf dem Altar liegt, fallen. Er sieht das Passahlamm, „bratend" über den Flammen. Er sieht den Feuerofen, in den der Leib Jesu geworfen werden wird der, so sagte Jonathan Edwards, war „bei weitem entsetzlicher, als der Feuerofen von Nebukadnezar."[9]

Dort in Gethsemane, sagte Edwards: „wurde Er an die Öffnung des Ofens gebracht, um davor zu stehen und die tobenden Flammen und die glühende Hitze anzuschauen, damit Er eine Vorstellung davon bekam, wohin Er gehen und was Er erleiden würde."[10] Was war dieser Feuerofen? Es war der ewige Zorn des allmächtigen Gottes, in den der Sohn hineingeworfen werden würde, während Er an zwei Holzbalken hängt. Das meinte Jesus als Er sagte: *„Ich habe aber eine Taufe, womit ich getauft werden muss, und wie bin ich bedrängt, bis sie vollbracht ist"* (Lukas 12,50). Es war tatsächlich eine FEUERTAUFE, die Er am Kreuz erleiden würde.

Ein Stich ging durch das Herz von Johannes als er an den grenzenlosen Zorn und die ewige Verdammnis denkt, womit der Kelch gefüllt ist. Nicht nur das, Gott nahm Seinen ewigen Zorn, kondensierte ihn und füllte damit Seinen Kelch. Er destillierte ewige Verdammnis, den Feuersee und schüttete ihn in Seinen Kelch. Ebenso platzierte er den lodernden Zorn der Hölle in den Kelch und bat Seinen Sohn, ihn zu trinken.

Jonathan Edwards sagte, dass Jesus „sämtliche Höllenqualen" erleiden würde. Der Inhalt des Kelches war völlig gleichwertig mit dem Elend der Verdammten, weil es der Zorn desselben Gottes war."[11] John Stott sagte: „Wir können auch sagen, dass unsere Sünden Christus in die Hölle getrieben haben, nicht nach der Kreuzigung sondern vor Seinem Tod."[12]

A. W. Pink sagte: „Nicht alle Blitze des göttlichen Gerichts ... nicht alles Weinen und Zähneknirschen der Verdammten im Feuersee" waren jemals so eine Demonstration „von Seinem unbegrenzten Hass gegen die Sünde, wie der Zorn Gottes, der gegen Seinen eigenen Sohn am Kreuz entbrannte."[13]

Johannes begreift jetzt, warum das Blut aus Seinen Poren kam. Es geschah durch einen schweren inneren Kampf, während Er sich mit dem

Grauen auseinandergesetzt hatte, den Kelch des Vaters zu trinken. Edwards sagte, Er war „bedeckt mit geronnenem Blut" welches „durch die Gewalt Seines Todeskampfes durch Seine Poren gepresst wurde."[14]

Dort in Gethsemane sah der Jünger schließlich, wie Jesus Sein Gesicht zum Himmel wandte. Mit Tränen in den Augen, weinender Liebe im Herzen und Blut, dass durch Seine Poren gepresst wurde, rief Jesus: *„Nicht mein Wille geschehe, sondern der deine geschehe"* (Lukas 22,42). Dann sank Jesus zu Boden, schwach und kraftlos, eingetaucht in Sein eigenes Blut. Er war erschöpft vom ringenden Gebet mit Gott und nun bereit, den Kelch des Zornes vom Vater zu trinken.

Warum hat Er das getan?

Wie konnte Er das tun? Warum wollte Er sich unterordnen und den Kelch trinken? Weißt du warum? Er wollte Seinem Vater gehorchen und den ewigen Erlösungsbund erfüllen. Aber es gab noch einen weiteren Grund, einen so ergreifenden, dass du vor zarter Hingabe dahinschmelzen wirst.

Er hätte „nein" sagen können und zuschauen, wie die gesamte Menschheit in die Hölle stürzt. Doch Er schaute in den Feuerofen des Zornes und sah etwas Unwiderstehliches. Es war etwas Schönes. Er würde lieber durch die Flammen der Hölle gehen als diesen Schatz zu verlieren.

Er schaute in den Feuerofen der Hölle hinein und Er sah *dich*.

Er sah, wie du die Bestrafung erleidest, die du für deine Sünden verdient hast. Nicht dass Gott grausam und rachsüchtig ist und Ausschau hält, um Menschen zu bestrafen. Aber Gott ist heilig und Er möchte dich ganz nahe bei sich haben. Etwas Unheiliges kann nicht in die Gegenwart des einen heiligen Gottes kommen. So kam der Sohn Gottes zu uns auf die Erde hinab um sich selbst in den ewigen Zorn des Vaters hineinzuwerfen. Theologen nennen dies *Sühne* und das bedeutet „ein Opfer um Zorn abzuwenden."[15]

Es ist wie in der Geschichte der Mutter, die eines Nachts vom Geruch des Qualms aufwachte. Sie weckte ihren Mann und rannte zu ihrem Baby die Treppe hinauf, aber sie wurde von einer Flammenwand zurückgedrängt. Draußen bekämpften Nachbarn und die Feuerwehr die Flammen. Die Mutter hörte, wie ihr Baby im oberen Stockwerk schrie, aber ihr Mann hielt sie in dem Wissen zurück, dass sie nichts mehr tun konnten. Schließlich löste sie sich von seinem Handgriff und raste ins Haus zurück. Sie bedeckte ihr Gesicht mit den Händen und rannte durch die Flammenwand in das Kinderzimmer. Sie umarmte das Baby, verbarg es unter ihren Mantel und drängte durch die Flammen zurück nach draußen. Mit schweren Verbrennungen am ganzen Körper fiel sie ohnmächtig auf den Rasen. Obwohl sie für den Rest ihres Lebens entstellt war hatte sie doch ihr Baby gerettet.

In einem sehr viel größeren Zusammenhang ist es genau das was Jesus für *dich* getan hat. Wie die Mutter, die ihr Kind schreien hörte, hörte Er deine Schreie. Er spürte deine Schmerzen und sah dich, wie du deinen Schmerz mit Sünde betäubt hast. Obwohl du es nicht gewusst hast, sah ER dich, wie du dich in Richtung der Flammen einer unendlichen Hölle bewegt hast. Er verließ den Himmel und lud sich selbst die Flammen des Zornes auf, um dich zu retten. Er nahm deine Hölle und trank deinen Kelch am Kreuz. Er zog dich in Seine Arme und brachte dich durch die Flammen und in Sicherheit und so wurde auch Er entstellt. Er ist immer noch vernarbt um dir zu zeigen, was Er für dich getan hat.

Die vergessene Geschichte

Erkennst du wie sehr wir die Geschichte vom Lamm vernachlässigt haben? Männer wie Luther, Calvin, Edwards, Spurgeon, Wesley, Pink und andere von der älteren Generation predigten und schrieben über diesen unendlich großen Kelch des Zornes. Aber dieser Gegenstand, welcher der bedeutendste der gesamten Bibel ist, die Spitze des Kreuzes, tritt in der Kirche der heutigen Zeit völlig in den Hintergrund.

Wie konnte das geschehen? Wie konnten wir vergessen, was Edwards den „hauptsächlichen Auftrag" nennt, weswegen Jesus auf die Erde kam? Wie konnte der Vater so tiefgründig opfern, um uns dann nur einmal im Jahr, an Ostern, an das Kreuz zu erinnern? Und selbst dann erwähnen wir nur die Geißel, die Nägel und die Dornen.

Ich bin zutiefst davon überzeugt, dass wir Gott im Herzen damit verletzt haben, dass wir die tiefe Bedeutung des Opfers Seines Sohnes nicht beachtet haben. Ich glaube, dass es den Vater schmerzt, bis er Seinen Sohn als das Lamm verherrlicht sieht. Vielleicht hilft dir diese Geschichte dabei zu fühlen, was er in Seinem Herzen fühlt.

Eines Tages bekam ein Vater den am meisten gefürchteten Anruf den man sich nur vorstellen kann. Ein Polizist rief an um ihm zu sagen, dass ein schrecklicher Unfall geschehen war: „Es tut mir leid, aber ihr Sohn kam dabei ums Leben." Der Vater warf sich rasch seine Jacke über und fuhr zum Unfallort. Als er dort eintraf hatten sie seinen Sohn bereits weggebracht und die meisten Wrackteile beseitigt. Das Einzige was er sehen konnte, war das verspritzte Blut seines Sohnes auf der Fahrbahn.

Als er die Autos sah, die gedankenlos über die Blutspuren seines Sohnes fuhren, sprang er aus dem Auto und rannte auf die Straße. Er riss sich die Jacke vom Leib und wedelte damit in der Luft um die Autos aufzuhalten. „Können sie das nicht sehen?" schrie er unter Tränen, „sie fahren über das Blut meines Sohnes!"

Genauso behandeln wir den Vater im Himmel, wenn Er auf uns schaut und sieht, wie wir das Blut Seines Sohnes mit Füßen treten! Wir sind leichtfertig mit Seinem Opfer umgegangen, indem wir gegenüber dem Kelch, den Sein Sohn für uns getrunken hat, gleichgültig waren. Ja, wir haben die Wahrheit übertüncht. Einmal im Jahr haben wir vielleicht eine Gefühlsduselei wegen dem Kreuz, aber die Bedeutung Seiner Leiden haben wir dabei völlig vergessen. Unsere tauben Ohren haben Seine Schreie nicht gehört. Den Kelch des Zornes, den Sein Herz zum Schmelzen brachte, haben wir beleidigt (siehe Psalm 22,15).

Wir haben Gottlosigkeit geduldet und nicht bemerkt, dass sie die Nägel wieder durch Seine Wunden treibt (siehe Hebräer 6,6 und 10,29). Wir waren so sehr mit materiellen Segnungen beschäftigt und haben uns dann gewundert, warum eine ganze Generation Jugendlicher, die keinen ersichtlichen Grund für die Nachfolge von Jesus erkennen konnte, lautlos in die Hölle abrutschte.

Vor allem haben es diejenigen von uns, die im geistlichen Dienst stehen versäumt, auf das Lamm hinzuweisen. Wir haben es versäumt, „Jesus Christus, und ihn als gekreuzigt … in Erweisung des Geistes und der Kraft" zu verkündigen und zu lehren (1 Korinther 2:2-4). David Wilkerson schrieb: „Eines ist völlig klar, Gott wird es nicht dulden, die Predigt vom Kreuz beiseite zu schieben!"[16] Spurgeon sagte: „Der Pastor, der es versäumt zu rufen, ‚siehe das Lamm Gottes', darf zuletzt damit rechnen, in Stücke geschlagen zu werden und seinen Teil mit den Peinigern zu haben."[17]

Wo sind die Charles Spurgeons der heutigen Zeit, die das Lamm Gottes erheben? Wo sind Leute wie Jonathan Edwards, die tief in der Theologie graben um die Qualen unseres Herrn ans Licht zu bringen? Wo sind die wie der Apostel Paulus, die sich des Kreuzes rühmen werden (siehe Galater 6,14)? Wo sind die Zerbrochenen, die Ihm die Belohnung für Seine Leiden bringen werden?

In unserem Camp gehe ich jeden Tag durch einen Baldachin von Eichenzweigen zu meinem Gebetsgarten. Ich ergreife das Kreuz und rufe von ganzem Herzen:

Oh Gott, erwecke eine Generation, dessen Herz für den Einen blutet, der für sie blutete! Obwohl wir Dein Lamm vernachlässigt haben, bitte ich dich, mein Gott – wegen Deinem Sohn – beschneide eine ganze Generation und durchbohre ihre Herzen mit einer Offenbarung des Lammes! Heiliger Geist, vernarbe sie für immer mit einer Offenbarung vom Kelch! Dann sende sie aus, um den Nationen von dem Einen zu erzählen, der den Kelch der Bestrafung des Vaters ausgetrunken hat. Salbe sie mit der Kraft, die aus Seiner Auferstehung fließt, damit sie der Welt eine Offenbarung von der Herrlichkeit des Lammes bringen!

Literaturverzeichnis

1. *Vine's Expository Dictionary of Old and New Testament Words* (Nashville: Thomas Nelson Publishers, 1996), Seite 185.

2. Jonathan Edwards, „Christ's Agony", *The Works of Jonathan Edwards*, Band 2 (Edinburgh: Banner of Trust, 1995), Seite 868.

3. In der Bibel gibt es mehrere Kelche, aber der Kelch, mit dem Jesus gerungen hatte, war ganz klar der Kelch des Zornes Gottes. John Stott schrieb: „Was bedeutet dieser Kelch? Ist es körperliches Leiden vor dem Er zurückschreck-

te, die Qual der Geißelung und des Kreuzes, vielleicht zusammen mit der Angst vor Verrat, Verleugnung und des Verlassen-Werdens von seinen Freunden, Spott und Misshandlung von Seinen Feinden? Nichts kann mich davon überzeugen, dass der Kelch, den Jesus fürchtete, irgendeines dieser Dinge war, oder alles zusammen, so schmerzlich sie auch waren. Seine körperliche und charakterliche Stärke war unerschütterlich. Für mich ist es lächerlich anzunehmen, dass Er Schmerzen, Spott und Tod fürchtete." (John R.W. Stott, *The Cross of Christ* [Downers Grove, IL: InterVarsity Press, 1986], Seite 74.)

4. John R.W.Stott, *The Cross of Christ*, Seite 78-79.

5. John Stott beschreibt ferner diesen Kelch: „Dieser Kelch vor dem Er zurückschreckte, ... symbolisierte weder die körperlichen Schmerzen der Auspeitschung und der Kreuzigung, noch die seelische Drangsal der Verachtung und Ablehnung durch Sein eigenes Volk, sondern vielmehr die geistigen Qualen, die Sünden der gesamten Menschheit zu tragen. In anderen Worten das Erdulden des göttlichen Gerichts, welches jene Sünden verdient hatten. Dass dies zutreffend ist, ist ausdrücklich in der Anwendung des Alten Testamentes bestätigt, weil in beidem, in den Literaturhinweisen und in den Propheten, der ‚Kelch' des Herrn, ein übliches Zeichen für Zorn war." (Stott, *The Cross of Christ*, Seite 76)

6. Steve Hill und Leonard Ravenhill sind die einzigen Prediger, die ich in der heutigen Zeit über den Kelch sprechen hörte.

7. Jonathan Edwards, „*Christ's Agony*," Seite 869.

8. Der Vater zeigte Jesus, dass Er selbst zum brennenden Dornbusch werden wird, entflammt mit dem Zorn Gottes aber nicht verzehrt (2Mose 3,2). Wie Edwards sagte: „Der brennende Busch repräsentiert die Leiden Christi im Feuer des Zornes Gottes." (Jonathan Edwards, „The History of the Work of Redemption", *The Works of Jonathan Edwards*, Band 1 [Edinburgh: Banner of Truth Trust, 1995], Seite 546.)

9. Jonathan Edwards, „*Christ's Agony*", Seite 867.

10. ebd.

11. ebd., Seite 868, 871.

12. John R.W. Stott, *The Cross of Christ*, Seite 79. Es ist wichtig zu wissen, dass die Hölle, die Jesus erduldete, am Kreuz stattfand und nicht nach der Kreuzigung. Manch einer könnte glauben, wenn er den Kelch des Zornes nicht verstanden hat, dass Er nach der Kreuzigung in der Hölle gelitten hat. Leon Morris würde dem zustimmen, da er Hölle definiert als „die Umsetzung des Zornes Gottes" (Leon Morris, *The Atonement* [Downers Grove, IL: InterVarsity Press, 1983], Seite 164.) In seiner ausgezeichneten Darstellung zeigte er, dass Christus nicht in die Hölle hinabgestiegen ist um noch mehr zu leiden, siehe dazu Wayne Grudem, *Systematic Theology* (Leicester, England: InterVarsity Press, 1994), Seiten 586-594. Leider sprechen heutzutage viele Prediger darüber, dass Jesus in die Hölle ging, und dort mit dem Teufel kämpfte. Das entkräftet und untergräbt die eigentliche Botschaft vom Kreuz. Zum klaren Verständnis heißt es: „*Er hat die Gewalten und die Mächte völlig entwaffnet und sie öffentlich zur Schau ge-*

stellt. In Ihm hat er den Triumph über sie gehalten.“ (Kolosser 2,15)

13. A.W.Pink, *Seven Saying's of Jesus on the Cross* (Grand Rapids, MI: Baker Book House, 1958, Seite 72.

14. Jonathan Edwards, *„Christ's Agony“*, Seite 869.

15. Wayne Grudem, *Systematic Theology*, Seite 580. Leon Morris, *The Atonement* (Downers Grove, IL: InterVarsity Press, 1983), Seite 169.

16. David Wilkerson, „They Have Done Away With The Cross!“ *Times Square Church Pulpit Series* (New York City, 23. Feb. 1996), Seite 2.

17. Charles Spurgeon, „Behold the Lamb of God", *Spurgeon's Exipository Encyclopedia*, Band 3 (Grand Rapids, MI: Baker Book House, 1977), Seite 103.

6. Die Herrlichkeit Seiner Liebe
Als der Sohn den Kelch des Vaters trank

Johannes spürt eine ganz besondere Ergriffenheit, so tief hat er in den Kelch hineingeschaut. Da hört er die vier lebenden Wesen und die Ältesten ein neues Lied singen: *„Du bist würdig."*

Als sie dann sagen, warum das Lamm würdig ist, beginnt sein Herz schneller zu schlagen: *„Denn du bist geschlachtet worden und hast durch dein Blut für Gott erkauft aus jedem Stamm und jeder Sprache und jedem Volk und jeder Nation"* (Offenbarung 5,9).

Was das bedeutet weiß keiner besser als Johannes weil er dabei war. Er hatte gesehen wie das Blut in Rinnsalen am Körper von Jesus hinunterlief. Er schaute zu wie Jesus sich im Todeskampf krümmte, als Er den Kelch des Vaters verschlang. Aus den Augen des alten Apostels quellen Tränen hervor und rollen an seinen Wangen hinunter, während er an diesen gewaltigen Tag zurückdenkt – den Tag, an dem Gottes ewiges Lamm den Kelch des Vaters trank. In der gesamten Menschheitsgeschichte gibt es keinen Augenblick, in dem die Herrlichkeit der Liebe Gottes so einzigartig gezeigt wird.

Komm und betrachte das Lamm

Gehe nun mit Johannes zu einem kleinen Hügel außerhalb Jerusalems. Stelle dich auf die Berg- kuppe und schaue mit den Augen des Jüngers. Schau wie sich überall am Himmel schwarze Wolken auftürmen und allmählich vor die Sonne schieben. Beobachte, wie Blitze durch die Dun- kelheit zucken und die Szene in himmlisches Flut- licht eintauchen. Spürst du die emotional aufge- ladene knisternde Luft, die mit Sorgen, Hass und Liebe aufgeladene Atmosphäre?
Schaue hinauf in das Gesicht Jesu. Höre Seine letzten Schreie. Schaue wie das Blut aus Seinen offenen Wunden fließt. Doch jetzt schaue tiefer als nur auf die körperlichen Leiden. An diesem Punkt beenden wir oft unsere Betrachtung, aber lass uns noch höher schauen. Richte dein Gehör über den Lärm der Menge hinaus. Höre über die weinenden Frauen, spottenden Priester, flu- chenden Römer, klagenden Diebe und der auf- stöhnenden Erde hinweg.
Komm jetzt mit ehrfürchtiger Bewunderung und mit demütigem Herzen um das aufgedeckte Ge- heimnis zu betrachten. Blicke in die Herrlichkeit des Kelches, welcher die Seele Seiner Leiden ist.
Komm so nahe, bis die Hitze des Brandopfers dein Gesicht erwärmt. Spüre wie die Flammen des brennenden Busches dir beinahe ins Gesicht

schlagen und du, wie Mose, deine Schuhe aus-
ziehen musst, weil du auf heiligem Boden stehst.
Schaue jetzt das Lamm an: Wie Es, durch das
Trinken des Kelches Seines Vaters, die Sünde der
Welt wegnimmt.

Johannes schließt seine Augen. Er fühlt sich in
die Zeit zurückversetzt, als er zu Jesus hinauf-
schaute …

Lautes Schreien liegt in der Luft. Donner grollen
in der Ferne. Johannes spürt das Flattern seiner
Tunika im Wind. In seinen Armen hält er die
Mutter Jesu. Er wurde von Jesus geehrt, vor ihren anderen Söhnen, wie ihr leiblicher Sohn, sie
zu versorgen. Sie zitterte an seiner Brust, wankte
vor lauter Kummer und unaussprechlichem
Schmerz. Johannes kann seine Augen nicht von
seinem Meister abwenden. Jesus ist ein Anblick
von blau geschlagenem und aufgequollenem
Fleisch. Sein Körper ist mit Blut und Schweiß bedeckt. Sein Gesicht ist mit Tränen und Spucke
verschmiert. Sein Körper ist gekrümmt und wurde unter das Gewicht der Sünde der Menschheit
geworfen.

Wie die eherne Schlange an einem Pfahl aufge-
richtet wurde (siehe 4.Mose 21,4-9 und Johannes 3,14), wurde Er an einen Pfahl gehängt um
das Gift der Sünde zu ertragen. Gott nahm die
Sünde der ganzen Welt und warf sie auf Ihn.
Während Er sich unter der schweren Last

krümmt, zerren die Nägel an Seinen Händen. Die Stricke schneiden sich in das Fleisch Seiner Arme, halten Ihn am Kreuz und verhindern, dass die Nägel das Fleisch Seiner Hände zerreißen. Die offenen Wunden auf Seinem Rücken scheuern gegen das raue Holz.

Plötzlich bewegt sich Sein Körper nicht mehr und erstarrt. Sein Gesicht wird fahl. Seine Augenbrauen heben sich und Seine Augen sind weit aufgerissen. In Seinem Gesicht sieht man das Entsetzen. Seine Augen erzählen die Geschichte, rot aufgequollen, mit Tränen gefüllt und in unsagbarem Entsetzen. Johannes hatte diesen Anblick bereits im Mondlicht in Gethsemane gesehen. Da rief Jesus wegen des Kelchs zum Vater. Während du gerade bei Johannes stehst schaue auf die Mündung des Ofens, der für den Unschuldigen Einen bereits geöffnet ist. Beobachte das Braten des Passahlammes. Siehe, wie das „Feuer vom Himmel" auf das „Brandopfer" fällt. Schaue wie der Busch mit feurigem Gericht brennt während der ewige Zorn auf den Sohn hinabstürzt. Schaue wie der Feuersee über dem Unschuldigen Einen geleert wird, während die Flammen der Hölle lodern und eine Welle der Bestrafung nach der anderen gegen das Lamm bricht.

Sei dir darüber im Klaren, dass das nicht einfach nur die Hölle einer Person ist, dies ist die gesamte Hölle der gesamten Menschheit. Von Adam bis zum letzten Menschen auf Erden, von Adolf Hitler bis zu Saddam Hussein, von dir und mir nimmt Jesus unsere Bestrafung für die Sünde weg.[1]

Er wird *„von Gott bestraft, geschlagen und nie-dergebeugt."* Er wird *„durchbohrt um unserer Vergehen willen"* und *„zerschlagen um unserer Sünden willen."* Tatsächlich lag *„die Strafe"* auf Ihm, *„zu unserm Frieden."* *„Drangsal und Ge-richt"* lagen auf Ihm, weil *„es dem Herrn gefiel, Ihn zu zerschlagen."* (siehe Jesaja 53,4-5, 8-10)

Der Schmerz des Vaters

Der Puls von Johannes pocht heftig in seinen Schläfen und er spürt die aufkommende Übelkeit in seinem Magen. Er hält Maria in der Hoffnung fest, sie durch seine Gegenwart zu trösten, wäh-rend das Schwert noch tiefer durch ihre Seele dringt. Dabei füllt sich auch sein Herz mit tiefer Trauer.

Wie muss sich erst der Vater dabei fühlen wenn schon sein eigenes Herz beinahe zerspringt?

Während des Holocaust, so erzählte ein jüdischer Junge, musste er seinen eigenen Vater den Flammen eines Krematoriums in Auschwitz über-lassen, eines von Hitlers Konzentrationslagern.

Wie viel mehr würde es einen Vater betrüben, seinen eigenen Sohn den Flammen zu überlassen? Wie viel grenzenloses Leid bereitete es dem himmlischen Vater den Liebling seines Herzens, Seinen kostbaren Sohn, in diese grauenvollen Flammen zu schicken? Denke darüber nach – der Vater wirft Seinen geliebten Sohn in das Krematorium von Golgatha!

Gottes ewiger Sohn, der seit Ewigkeit persönliche Gemeinschaft mit ihm hatte wurde nun von Seinem Vater verlassen. Gott der Vater wendet Sein Gesicht der Liebe von Ihm ab und schlägt bestrafend auf Ihn ein. Der Schmerz des Vaters ist unergründlich.

Stunden vergehen. Jesus trinkt und trinkt und trinkt.

Schließlich hat Er den Kelch fast bis zum letzten Tropfen ausgetrunken. Dann geschieht etwas das den Schmerz in der Gottheit noch verstärkt. Jesus bereitet sich darauf vor, den Schrei der absoluten Verlassenheit in das Angesicht Seines Vaters zu brüllen. Das Herz des Vaters füllt sich mit ungeheurem tiefem Leid.

Der Schrei der absoluten Verlassenheit

Ein Ansturm von Verzweiflung fegt über den Jünger. Er hält Maria noch fester. Mit Tränen in den

Augen kann er nichts mehr sehen. Mit seinem Handrücken wischt er sich die Nässe von den Wangen.

Als die neunte Stunde näher rückt, sieht Johannes wie Jesus sich mit den Nägeln in Seinen Füßen abstößt und Seine Brust hebt, um tief Luft zu holen. Dabei öffnen sich die Wunden in Seinen Füßen. Blut spritzt heraus, läuft an Seinen Füßen und Zehen herunter, tropft am Balken nach unten und versickert im Boden.

Jesus hebt Seinen Blick nach oben. Johannes kann sehen wie die Tränen in Seinen Augen zittern. Der Herr bewegt Seinen Kopf nach hinten. Sein Mund ist weit geöffnet, als ob er etwas sagen möchte. Er sprach drei Mal in den ersten drei Stunden; das erste Mal, um zu vergeben, das nächste Mal um einen Dieb zu erretten und das dritte Mal um die Fürsorge von Maria an Johannes zu übertragen.

In diesen letzten drei Stunden kam kein einziges Wort übcr Seine Lippen. Die Schmerzen waren zu groß, um dabei noch reden zu können. Der Schrecken des Kelches hatte Ihm den Atem geraubt. Jetzt allerdings bereitet Er sich darauf vor etwas zu sagen.

Johannes kommt etwas näher, Maria immer noch in seinem Arm haltend. Für einen Augenblick scheint die Zeit still zu stehen. Die Menge verstummt. Die Atmosphäre ist spannungsgeladen, jeder spürt sein eigenes bebendes Herz.

Mit tiefem, gutturalem, löwenähnlichem Brüllen schreit Jesus: *„Eli, Eli, lemá sabachtháni?"* Die Worte sind eine Mischung aus Hebräisch und Aramäisch, der Muttersprache von Johannes, sie bedeuten: *„Mein Gott, mein Gott, warum hast du mich verlassen?"* (Matthäus 27,46). Die Volksmenge steht wie gelähmt ganz still. Der Vogelgesang ist in der Luft erstarrt und der Wind hat aufgehört zu wehen. Die Sonne verbirgt noch immer ihr Gesicht. Schwarze Regenwolken hängen tief herunter um jeden Augenblick eine Ladung Tränen herab zu tropfen.

Der ganze Körper von Johannes schüttelt sich wegen den sich ausbreitenden Schockwellen. Die Worte Jesu rasen wie wild durch sein Gehirn.

Er ist fassungslos. Er war dabei als die römische Geißel das Fleisch von Jesus pflügte, wie Dornen in Seine Stirn gedrückt wurden, Nägel durch Seine Hände und Füße geschlagen wurden und wie die Leute Ihm ins Gesicht spuckten, aber *„wie das Lamm, das zur Schlachtung geführt wird tat Er Seinen Mund nicht auf."* (siehe Jesaja 53,7)

Doch nun schreit Er auf, wie ein verwundetes Tier. Er wimmert nicht wie ein Lamm, Er brüllt wie ein Löwe. Warum?

Weil Er den Kelch seines Vaters getrunken hat.[2]

Johannes denkt an den 1. Vers aus dem 22. Psalm: *„Mein Gott, mein Gott, warum hast du mich verlassen? Fern von meiner Rettung sind die Worte meines Gestöhns."*

Der puritanische Geisteswissenschaftler John Flavel erläutert, dass die hebräische Bedeutung von Gestöhne „von einer Wurzel kommt, die ‚aufheulen' bedeutet oder ‚brüllen wie ein Löwe'. Eigentlich kommt das Geräusch mehr von einem wilden Tier als von einem Menschen." Das ist der Grund, warum am Kreuz, so Flavel, „es so ist, als ob Christus gesagt hätte: ‚Oh, mein Gott, keine Worte können meine Qual ausdrücken: Ich möchte nicht reden, sondern meine Leiden rausheulen und rausbrüllen; ausgießen in Wogen von Stöhnen.'"[3]

Göttliche Entzweiung

Der Schmerz im Herzen Jesu wurde immer stärker. Der Zorn Gottes traf Ihn schwer und schlug bis zu dem Augenblick auf ihn ein, wo Sein Herz so weit war daran zu zerbrechen. Mit dem Schrei der absoluten Verlassenheit der über Seine Lippen kam und in das Angesicht des Vaters geschleudert wurde, begann Sein Herz auseinander zu reißen.

Sein Mund ist vom Trinken des feurigen Kelches völlig ausgetrocknet. Er neigt Seinen Kopf und sagt unter Stöhnen: *„Mich dürstet"* (Johannes 19,28). Ein Soldat benetzt die Lippen des Herrn mit Posca, einem einfachen Weinessig. Dann erhebt Er Seine Stimme und ruft triumphierend, *„tetelestai!"* Im Perfekt bedeutet es: „Es ist vollbracht!" (siehe Johannes 19,30)

Mit dem vollständigen Verzehr des Kelches war Sein Werk auf Erden beendet. Die Schriften, Prophezeiungen und das Gesetz wurden damit erfüllt. Da die Sünde vollständig in Ihm bestraft wurde, haben die Dämonen auch keine weitere Sünde an der sie schlemmen könnten. Der Same der Frau zermalmte den Kopf der Schlange (siehe 1. Mose 3,15). Wie es in der Bibel heißt: *„Er hat die Herrscher und Gewalten völlig entwaffnet und vor aller Welt an den Pranger gestellt. Durch das Kreuz hat er einen triumphalen Sieg über sie errungen"* (Kolosser 2,15).

Wie der Sohn am sechsten Tag Sein Schöpfungswerk beendete, so vollendete Er das Erlösungswerk mit Seinem sechsten Wort. Und wie Er am siebten Schöpfungstag ruhte von all Seinen Werken, ging Er mit Seinem siebten Wort in Seine Ruhe ein: *„Vater, in deine Hände übergebe ich meinen Geist"* (Lukas 23,46).

Und jetzt geschieht es ...

Sein Herz hört auf zu schlagen. Es zerreißt, Blut und Wasser strömen heraus.[4] Die Bibel sagt: *„Wie Wasser bin ich hingeschüttet, […] wie Wachs ist mein Herz geworden, zerschmolzen in meinem Inneren."* (Psalm 22,14) Durch das Trinken des Kelches des Vaters stirbt Jesus im Todeskampf an einem gebrochenen Herzen.

Weißt du was das bedeutet? Es ist nicht nur der Vorhang im Tempel zerrissen. Es ist nicht nur ein Vorhang im Himmel zerrissen. Es ist das Zerreißen des Vorhangs des Sohnes selbst. Als der Vorhang im Tempel von oben bis unten in zwei Stücke zerriss (Matthäus 27,51) war das ein Symbol für das Auseinanderreißen von Gott dem Sohn und zwar durch die Hand Gottes in zwei Teile, Gott der Vater und Gott der Sohn.

Qualvoll sieht Johannes wie ein Soldat mit seinem Speer die Seite des Lammes durchbohrt. Maria löst sich aus der Umarmung von Johannes und läuft zu den eiskalten Füßen ihres Sohnes. Johannes fällt neben ihr auf die Knie und gräbt seine Finger in das Holz des Kreuzes. Dann tropft plötzlich etwas Warmes auf seine Hand.

Johannes blickt auf und sieht, wie Blut und Wasser vom Körper Jesu herunterlaufen und auf seine Hand tropfen (siehe Johannes 19,34). Er neigt seinen Kopf, schließt seine Augen und weiß in dem Augenblick, dass sein Herz durch die Offen-

barung des Lammes für immer gezeichnet sein
wird.

Durchbohrt mit Seiner Liebe

Erlaubst du Ihm dich auch zu verwunden? Möchtest du dein Herz vor den Herrn bringen und dem Heiligen Geist erlauben Sein Schwert hineinzustoßen? Bitte Ihn die Klinge durch deine Seele zu ziehen, bis du es wirklich begreifen kannst.

Bis jetzt hast du das Lamm nur flüchtig betrachtet. Du hast gesehen was es mit Jesus gemacht hat deinen Kelch zu trinken. Du hast Seinen entsetzlichen Schrei gehört und du kannst nie mehr dieselbe Person sein. *„Die Decke wird weggenommen werden"* (2. Korinther 3,16). Wie Simeon zu Maria sagte: *„Aber auch deine eigene Seele wird ein Schwert durchdringen"* (Lukas 2,35), so wirst auch du durch die Liebe des Lammes gezeichnet werden.

Amy Carmichael war eine indische Missionarin. Sie hatte eine tiefe Liebe für die buddhistischen Tempelprostituierten, aber es gab ein Mädchen, das sie scheinbar nicht erreichen konnte. Eines Tages entblößte Amy ihren Arm und zog eine lange Nadel heraus. „Ich werde diese Nadel in meinen Arm stechen um dir zu zeigen, wie sehr ich dich liebe", sagte sie zu der jungen Frau.

„Oh nein!" protestierte das Mädchen. „Das wird dir sehr weh tun!" „Nicht so sehr, wie du mir weh tust", antwortete sie. Dann stieß sie die Nadel tief in ihren Arm. Das Herz des Mädchens wurde durch so eine Demonstration der Liebe durchbohrt. Sie warf ihre Arme um Amys Hals und weinte: *„Oh, Amy, ich wusste nicht, wie sehr du mich liebst!"*

In einem noch viel größeren Ausmaß ist es genau das, was Jesus für dich getan hat. Sein Herz wurde durchbohrt um dir zu zeigen, wie sehr Er dich liebt. Der Sohn kam aus der Herrlichkeit um deine Hölle wegzunehmen, damit du Seinen Himmel auf Erden haben kannst und dabei zerriss Sein Herz in zwei Teile.

Bedenke, die Olive wurde zerdrückt, damit das Öl Seiner Liebe herausfließt. Die Traube wurde gepresst, um Seine Gnade über dir auszugießen. Die Vase wurde zerschlagen um den Wohlgeruch Seiner Herrlichkeit über dir freizusetzen. Möchtest du nicht wie das Mädchen zu Amy Carmichael rief zu Ihm rufen: *„Oh Jesus, ich wusste nicht, wie sehr du mich liebst!"*

Das ist die Herrlichkeit Seiner Liebe. Deshalb beginnen wir nur zu den Füßen des Lammes zu verstehen, *„was die Breite und Länge und Höhe und Tiefe Seiner Liebe ist"* (nach Epheser 3,18-19).

Hast du Seine Liebe für dich in Frage gestellt? Hast du jemals insgeheim gedacht: „Ich weiß, Er liebt andere, aber liebt Er wirklich mich?" Bitte kränke Seine Liebe nicht mit solchen Gedanken. Zerbreche Sein Herz nicht noch einmal.

Lehne dich jetzt entspannt zurück und schaue auf. Sprich es laut: „Heiliger Geist, wie denkt Jesus über mich?"

Warte, bis die Antwort kommt …

Ich denke wenn du mit den Augen deines Geistes schaust, wirst du etwas Erstaunliches sehen. Du wirst Jesus sehen, das Lamm auf dem Thron und wie Er den Vorhang von Seinem Fleisch wegzieht. Schaue hin und du wirst es sehen. Da ist es – eine eingemeißelte Narbe in Seinem Herzen. Diese Wunde spricht Bände. Sie spricht von der Herrlichkeit Seiner Liebe für dich. So wie die Namen auf den Edelsteinen der Brusttasche des Hohenpriesters eingraviert wurden, so wurde dein Name in die Wunde Seines Herzens eingraviert.

Schaue tief und lange in diese Wunde hinein bis du schließlich verstehst wie nahe du Ihm bist. Öffne dich und lasse Seine Liebe in dich hineinfließen. Erlaube Ihm mit Seinem goldenen Krug die Herrlichkeit Seiner Liebe einzuschenken. Lass dich von Ihm füllen und die Wunden in deiner Seele wegwischen.

Viele Wunden haben deine Seele vernarbt. Die Schläge des Lebens habe viele Wunden hinterlassen. Jesus möchte jede Wunde wegwischen und nur eine einzige übrig lassen. Er möchte, dass dein Herz für immer vernarbt ist durch die Offenbarung der Herrlichkeit des Lammes.

Literaturverzeichnis

1. Das bedeutet keineswegs, dass alle Menschen gerettet sind. Die Vorstellung, dass alle gerettet sind kommt aus der Irrlehre des Allaussöhnung. Nur diejenigen, welche am Kreuz gekniet haben und die Jesus Christus empfangen und angenommen haben können gerettet sein.

2. F.W. Krummacher schrieb über diesen Kelch: „Wir wissen, was in dem Kelch war. Sein gesamter Inhalt wäre ansonsten uns zugerechnet worden, weil wir, wegen der Sünde unter dem göttlichen Urteil waren. In dem Kelch waren der vollständige Fluch des unantastbaren Gesetzes, all das Grauen bewusster Schuld, all die panische Angst vor Satans heftigen Versuchungen und alle Leiden, die den Körper und die Seele treffen können. Ebenso enthielt er die schreckliche Verlassenheit von Gott, Höllenqualen und den blutigen Tod, der dem Fluch folgte – all dies musste er aushalten, während er gleichzeitig von der Macht der Finsternis umgeben war." (F.W. Krummacher, *The Suffering Savior* [Grand Rapids, MI: Kregel Publications, 1947], Seite 135.)

3. John Flavel, *The Works of John Flavel*, Band 1 (London: Banner of Truth Trust, 1968), Seite 41.

4. Heutzutage bescheinigen uns die Ärzte, dass Jesus an einem zerrissenen Herzen starb, weil Johannes sagte, dass Blut und Wasser aus Seiner Seite kam. In einem zerrissenen Herzen oder bei Herzversagen trennen sich die roten Blutkörperchen vom Blutserum und sammeln sich im Herzbeutel. Aus biblischer Sicht wissen wir mit Sicherheit, dass Jesus starb, als Er Seinen Geist dem Vater übergab. Die Erklärung des zerrissenen Herzens Jesu beruht auf ärztlicher Ansicht der Gegenwart und kann nicht als absolut in Betracht gezogen werden. Leon Morris meint dazu: „William Stroud behauptet, dass es ein physikalisch zerrissenes Herz bedeutet, mit der Folge, dass sich das Blut in seine einzelnen Bestandteile auflöste, damit in Erscheinung treten konnte, was gemeinhin als Blut und Wasser bezeichnet wird'". (Leon Morris, *Reflections on the Gospel of John* (Peabody, MA: Hendrickson Publishers, Inc., 2000), Seiten 674-675. Dr. Truman Davis führt aus: „Somit gab es ein Austreten von wässriger Flüssigkeit aus dem Herzbeutel und Blut aus dem Inneren des Herzens. Das ist ein ziemlich schlüssiger Obduktionsbeweis, dass Jesus nicht am gewöhnlichen Kreuzestod durch Ersticken verstarb, sondern an Herzversagen durch Schock und Verengung des Herzens durch Flüssigkeit im Herzbeutel." (C. Truman Davis, A Physician Looks at the Crucifixion," *Arizona Medicine*, Band 22, Nr. 3, März 1965).

6. Auferstehungsherrlichkeit

Die Auferstehung und
die Himmelfahrt des Lammes

Der betagte Jünger richtet sich auf und streckt seine Hände gen Himmel. Er stimmt in den himmlischen Lobpreis der *vieltausendmal tausend"* (Offenbarung 5,11) Engel und in die Anbetung des Lammes mit ein.

Mit überschäumender Freude im Herzen erinnert sich Johannes an den Morgen, an dem Jesus von den Toten auferstand. Ausgehend von seiner Sicht des Lammes im Himmel beginnt er, mehr von Seiner Auferstehung zu begreifen. Er schließt seine Augen und wagt es sich vorzustellen, wie es wohl in Josephs Grab gewesen war. Während er sich die Szene bildhaft vorstellt, füllen sich seine Augen mit warmen Tränen.

Herrlichkeit durchflutet das Grab

Hier liegt der Leib Jesu, eingehüllt in Leinentücher. Dunkelheit bedeckt noch immer das Land bevor in Kürze der Morgenstern aufgeht. Die Herrlichkeit des dreieinigen Gottes breitet sich im Leichnam des Sohnes aus.[1]

Da beginnt das Herz Jesu zu schlagen. Flatternd öffnen sich Seine Augenlider und plötzlich strömt Kraft aus Seinem durchbohrten, offenen Herzen. Das gesamte Grab ist gefüllt mit der *Auferstehungsherrlichkeit des Lammes.*

Nun *„geht die Sonne der Gerechtigkeit auf und Heilung ist unter ihren Flügeln"* (Maleachi 3,20). Nun *„kommt aus der Höhe sein Licht zu uns"* (Lukas 1,78). Nun füllt das *„Licht der Welt"* (Johannes 8,12) das Grab mit Seiner Herrlichkeit.

Der Puls von Johannes beginnt zu rasen und seine Wangen erwärmen sich vom Licht des Lammes. Er spürt förmlich wie die Auferstehungskraft des erhobenen Lammes sein ganzes Wesen durchflutet.

Weil der Vorhang von Jesu Fleisch am Kreuz zerrissen war, konnte die Herrlichkeit hinter dem Vorhang freigesetzt werden. Nun fließen aus dem Felsen, der vom Zorn Gottes geschlagen wurde, Ströme von Auferstehungsleben. Allmacht strömt aus den Händen, die einmal ans Kreuz geheftet waren. Allwissenheit strömt nun von diesem „verwundeten, heiligen Haupt."

Und von dem Herzen, das einst zerrissen war, strömen jetzt Fluten und Fluten und Fluten von *Auferstehungsherrlichkeit*. So wie flüssiges Lava blubbernd vom Erdinneren zur Erdoberfläche aufsteigt bricht nun Auferstehungskraft aus dem Herzen des Lammes hervor.

Die Himmelfahrt

Vierzig Tage später führte Jesus die Jünger zum Ölberg hinauf.[2] Gedanklich geht Johannes noch einmal dorthin …

Es ist ein warmer Tag im späten Frühjahr. Lilien blühen auf den Feldern. Der Hang ist mit roten und gelben Anemonen übersät. Eine leichte Brise weht durch das Haar des Meisters, während sie hinaufsteigen. Wie sich die Herrlichkeit vom Tempel emporhob und auf dem Ölberg niederließ, ist Er, der die Herrlichkeit Gottes verkörpert bereit, vom Ölberg in den Himmel aufzusteigen.

Auf der Rückseite desselben Berges, in Bethanien, wurde Lazarus von den Toten auferweckt. Nun ist Jesus dabei, vom Grab dieser Welt aufzusteigen. Von diesem Berg aus hielt Jesus seinen triumphalen Einzug in die Stadt und nun, vom gleichen Berg aus, hält Er Seinen triumphalen Einzug in die Stadt Gottes.

Schließlich bleibt Jesus stehen, wendet sich ihnen zu und segnet sie. Johannes betrachtet Seine Hände, die „einmal geblutet haben und nun segnen."[3] Mehrfach hatte Jesus Sein Gewand geöffnet und Seine Wunden in den Händen, den Füßen und der Seite gezeigt. „Solche Wunden", sagte Spurgeon, „wurden zum Zeichen Seiner Liebe für Sein Volk."[4]

Johannes wird es ganz warm ums Herz, als er sich noch einmal an den Augenblick auf dem Hügel zurückerinnert. Jesus steht vor ihnen und auf einmal wird Er sanft emporgehoben.

Der die Naturgesetze erschaffen hat, bricht das Gesetz der Schwerkraft. Während Er über den Bäumen schwebt, flimmern und rascheln die Olivenblätter.

Er steigt höher und höher. Immer noch strömt Segen aus Seinen Händen. Wie ein Hohepriester, der aus dem Allerheiligsten im Tempel kommt um das Volk zu segnen, segnet jetzt Gottes Hohepriester Sein Volk, während Er zum Allerheiligsten in den Himmel aufsteigt. Dann bedeckt Ihn eine Wolke und Er entschwindet ihren Blicken.

Die Heimkehr des verwundeten Sohnes

Während Johannes auf Patmos ist und an die herrliche Himmelfahrt des Herrn zurückdenkt, macht er sich Gedanken darüber, wie es wohl gewesen sein musste als der König der Herrlichkeit in den Himmel zurückkehrte.

Jesus ging zu den uralten Toren hinauf. Die Engel waren erstaunt. „Wer ist dieser Heilige, verwundet wie ein Lamm?" „Warum, es ist der Sohn Gottes!" seufzte einer. *„Erhebt, ihr Tore, eure*

Häupter, und erhebt euch, ihr ewigen Pforten, dass der König der Herrlichkeit einziehe" (Psalm 24,7).

Johannes stellt sich vor wie Jesus, der verwundete Sohn, die Tore durchschreitet und in den Innenhof geht. Die Engel sind fassungslos. Beeindruckt dass Einer, der so heilig ist, immer noch die Wunden trägt, wie mit einer ins Fleisch gehefteten Ehrenmedaille. Spurgeon sagte: „Christus trägt im Himmel die Wunden an Seinem Leib wie Schmuck. Die Wunden Christi sind Seine Herrlichkeit [...] sie sind Seine Juwelen und Seine Kostbarkeiten."[3]

Jesus bemerkt nicht, dass er von den himmlischen Wesen angestarrt wird, Seine Augen sind auf das Ziel Seines Weges gerichtet. Er sieht den Einen, nach dem Er sich so gesehnt hat. Da ist Er – Sein Vater – der Ihn mit ausgestreckten Armen erwartet. Der liebevolle Blick im Angesicht Gottes ist unbeschreiblich.

Zielstrebig und leidenschaftlich begibt sich der Sohn schnurstracks in die Arme des Vaters. Vor lauter Aufregung wäre Er fast gestolpert. Die Seraphim stehen daneben als Er am Thron ankommt und in die Arme Seines Vaters fällt. Endlich ist der Sohn zuhause.

Und nun beginnt eine Welle der Gefühle in ihren Herzen über die Ufer zu treten.

Als ob die Einsamkeit wegen ihrer Trennung, die Qualen der Leiden, das Entsetzen beim Trinken des Kelches, die Erleichterung wegen der Vollendung des Auftrags, die Freude über die Freisetzung der Auferstehungskraft und die Wiedersehensfreude in einer einzigen Gefühlswelle zusammen kam, lagen sie sich in den Armen und weinten und weinten.

Der gesamte Himmel befand sich in stillem Schweigen – kein Laut, kein Lufthauch, nur das gedämpfte Schluchzen vom Vater und dem Sohn war zu hören.

Zeitlose Augenblicke vergingen. Dann schließlich öffnete der Vater Seine Arme und richtete sich auf. Er trat zur Seite und zeigte auf Seinen Sohn. Mit triumphierender Liebe in Seinem Herzen donnerte Er durch die Unendlichkeit: *„Seht das Lamm, geschlachtet von Grundlegung der Welt an!"* (siehe 1. Petrus 1,20-21 sowie Offenbarung 13,8).

Und während Er sprach, strömte die Auferstehungsherrlichkeit aus dem Herzen des Lammes.

Das Evangelium ausgraben

Der Vater schaut heute auf die Erde herab und sieht den Vorhang vor den Augen vieler Christen, der verhindert, Seinen Sohn als das Lamm zu erkennen. Er sieht wie das Kreuz Seines Sohnes in die Abstellkammer vieler Gemeinden verbannt wurde und nur noch einmal im Jahr herausgeholt wird. Er sieht, wie andere Gemeinden „die Kraft Seiner Auferstehung" (Philipper 3,10) außer Acht lassen. Ich glaube dass es Ihn solange schmerzt, bis Er Seinen geliebten Sohn als das Lamm verehrt sieht.

Es ist wie in der Geschichte des armenischen Vaters. 1989 kamen bei einem Erdbeben der Stärke 8,2 in Armenien 30.000 Menschen ums Leben. Auch die Schule seines Sohnes wurde dabei total zerstört. Der Vater eilte kurz nach dem Beben dort hin und begegnete Eltern, die über ihre Kinder weinten, weil sie in den Trümmern umgekommen waren. Er selbst stand unter Schock bis er sich an ein Versprechen erinnerte, dass er seinem Sohn einmal gegeben hatte: „Armand, ganz gleich was passiert, ich werde immer für dich da sein!"

Er rannte um die Trümmer der ehemaligen Schule herum zu der Stelle, an der sich einmal das Klassenzimmer seines Sohnes befand und fing an im Schutt zu graben. Acht Stunden lang grub er mit seinen Händen, einen Stein nach dem anderen und eine Hand voll nach der anderen. Leute kamen zu ihm und sagten, dass es hoffnungslos sei. Ein Feuerwehrmann bat ihn, mit dem Graben aufzuhören weil überall Feuer ausbrach, aber er weigerte sich aufzugeben. Er grub und schaufelte bis seine Hände aufgesprungen waren und seine Finger bluteten.

Die ganze Nacht grub er, 12 Stunden, 24 Stunden, 36 Stunden. Seine Hände schmerzten aber er gab nicht auf. Nach 38 Stunden hob er einen schweren Brocken und meinte, die Stimme seines Sohnes gehört zu haben. „Armand?" rief er. „Papa … ? Papa, ich wusste, dass du kommen würdest! Du hattest mir versprochen, immer für mich da zu sein!"[6]

Ja, ein Junge wurde von seinem Vater ausgegraben weil er das Versprechen, dass er ihm gab, halten wollte. Wie viel mehr wird Gott der Vater, Sein Wort, das Er Seinem geliebten Sohn gab, halten.

Er wird Seinen Sohn ganz sicher aus dem Schutt in der Gemeinde ausgraben. Er wird Ihn ausgraben aus dem Schmutz der Habgier, aus den Steinen des Materialismus, aus dem Schlamm der Religion und aus den Felsbrocken des Stolzes und der Gesetzlichkeit, die unsere Sicht auf das Lamm völlig verhindert haben.

Er wird dabei nicht aufgeben, bis sein Sohn die Ehre dafür bekommt, dass Er sein Leben als Lamm dahingegeben hat.

Den Sohn als das Lamm offenbaren

Ein kleines bisschen kann ich den Vater verstehen, weil ich seit zwanzig Jahren diese Sehnsucht in meinem Herzen trage. Mitten im Jahr 1980 besuchte ich eine Sonntagsschulklasse bei den Methodisten, in der ein Mann sagte: „Ich verstehe nicht, wieso die Leute so eine große Sache aus dem Kreuz machen. Viele Menschen sind an einem Kreuz gestorben, aber deswegen beten wir sie nicht an." Andere Schüler aus der Klasse kamen um Jesus zu verteidigen, beschrieben die Schmerzen der Auspeitschung und den Schmerz, weil Er von Seinem Vater getrennt war.

Mein Herz schlug bis zum Hals. Ich unterrichtete an einer Bibelschule im Fach „Das Leben Christi" und war von einer Predigt über den Kelch des Zornes des Vaters von Jonathan Edwards und anderen Gelehrten total begeistert. Ich konnte mich nicht mehr zurückhalten und schüttete mein Herz vor ihnen aus.

Ich sagte: „Es war nicht nur der körperliche Schmerz von den Nägeln und der Peitsche. Es war nicht nur der Schmerz wegen der Trennung vom Vater, so schrecklich sie auch war. Wir haben alle einmal Zeiten in denen wir die Gegenwart Gottes nicht spüren, aber deswegen schwitzen wir kein Blut." Ich erläuterte: „Nein, der Grund weshalb in Gethsemane Blut aus Seinen

Poren austrat und Er am Kreuz sprach, *'mein Gott, warum hast du mich verlassen?'* war der Kelch des Zornes des Vaters. Darum ist die Bedeutung von Seinem Kreuz höher und überragt alle anderen Kreuzigungen." Tief ergriffen rief ich: „Niemand hat jemals die Qualen des ewigen Zornes und der Hölle erlitten, die alle komprimiert in dem Kelch enthalten waren! Er nahm deine Hölle von dir weg, damit du Seinen Himmel haben kannst!"

Danach luden sie mich ein, weiter in ihrer Klasse zu unterrichten, aber in der Kirche geschah etwas in mir, dass mich völlig veränderte. Ich saß auf meinem Platz und weinte und zitterte unter der Kraft Gottes. Ich spürte, wie Sein Geist in mir brannte. Ich war schon jahrzehntelang eine pfingstlich geprägte Christin, hatte aber bis dahin noch nie das reine Feuer des Heiligen Geistes erlebt wie an diesem Tag. Während ich in der Kirche saß, gab ich Gott ein Versprechen. Ich versprach Ihm, dass ich für den Rest meines Lebens über das Kreuz von Jesus Christus schreiben, lehren und predigen würde.

Jahrzehntelang lehrte ich, schrieb Bücher und predigte über das Kreuz, den Kelch und das Lamm. In meinem Herzen war ein Schmerz, eine unbeschreibliche Sehnsucht Jesus als das Lamm zu verherrlichen. Einmal spöttelte ein Verleger, „Du machst mich krank! Du bringst mich dazu, auf das Blut am Kreuz zu schauen und das stößt mich ab!" Ich war niedergeschlagen aber nicht entmutigt. Wie der Vater nach dem Erdbeben in dem Schutt grub, so grub auch ich weiter. Ich konnte mir nicht vorstellen wie es der Vater zulassen konnte, dass das Opfer Seines Sohnes, welches im Himmel so geehrt wird, hier auf der Erde so vernachlässigt wird.

Ich setzte meine Studien in Seminaren fort und einmal hörte ich, wie ein Professor sagte: „Es wäre nicht von Bedeutung gewesen, wenn Jesus an einem Herzinfarkt gestorben wäre!" Ich schnellte vor hunderten, jungen Studenten aus meinem Sitz hoch und rief: „Oh nein, mein Herr! Das ist nicht richtig!" Und dann fing ich an, ihm vom Kelch des Vaters zu erzählen den er üblicherweise nicht erwähnte.

Wieder einmal war ich niedergeschlagen, nicht wegen meinen Empfindungen, sondern für die Empfindungen Gottes. Ich konnte nicht verstehen, wieso Gott so viel opfern konnte und die Menschen das nicht erkannt haben. Ich wollte mehr und mehr den Sohn Gottes als das Lamm verherrlicht sehen.

1995 trat ich während meiner Lehrtätigkeit in der „Harvest Rock Church in Pasadena", Kalifornien, mit dem leitenden Pastor Che Ahn, in den Fluss der Erweckung ein. Nachdem ich unter der Kraft Gottes zu Boden gefallen war, richtete ich mich wieder auf und dann konnte ich Jesus sehen. Ich sah Ihn im Himmel stehen wie ein Lamm und Ströme, Ströme, Ströme der Erweckung gingen von Ihm aus. Ich erinnerte mich an die Schriftstelle: *„Denn Er wird kommen wie ein drängender Strom, den der Hauch des Herrn vorwärtstreibt"* (Jesaja 59,19). Dies verstärkte mein Verlangen noch mehr den Sohn Gottes als das Lamm verherrlicht zu sehen.

Nachdem ich ein Erweckungscamp in der Nähe von Pensacola fand und dort an der Erweckungsschule zu unterrichten begann, blieb ein Schmerz in meinem Herzen. Oft lief ich im Camp durch den Gebetsgarten und rief zu Gott: „Wann wirst du deinem Volk die Wichtigkeit des Opfers deines Sohnes offenbaren? Wann wirst du ihnen den Kelch zeigen? Tief in meinem Inneren kann ich das spüren aber ich weiß, dass der Schmerz in deinem Herzen noch viel größer ist. Oh, wann wirst du deinen Sohn als das Lamm offenbaren?"

Zu diesem Zeitpunkt wusste ich noch nicht, dass Mel Gibson seinen Film „Die Passion Christi" produzierte. Diesen wollte der Herr dazu gebrauchen, den Schleier von den Augen der Kirche zu entfernen und um die Herzen von Millionen Menschen zu berühren. Ich bemerkte auch nicht, wie der Heilige Geist bereits anfing vielen meiner Studenten, leise und unmerklich, eine Offenbarung vom Sohn Gottes als das Lamm zu geben.

Geschichten begannen sich zu ereignen, in denen ich die Frucht der Gebete erkennen konnte.

Geschichten als Ergebnis

Nach den Weihnachtsferien lief mir Ronald mit einem Grinsen im Gesicht entgegen. „Dr. Sandy" rief er, „meine atheistische Tante ist gestorben und niemand konnte ihr den Heilsplan erklären." Mit übersprudelnder Freude sagte er: „Ich betete am Sterbebett für sie und beschrieb ihr Jesus als das Lamm, mit Blutströmen, die aus Seinen Wunden kamen und sie konnte das sehen! Das war ihr Durchbruch und bevor sie starb, wurde sie errettet!"

Im Sommer rief mich Katie an. Sie war ganz aufgeregt und erzählte mir von ihrer Mutter, die sie wegen ihres Glaubens an Jesus Christus kritisiert hatte und die zu ihr sagte: „Wie kannst du es wagen deinen Glauben vor anderen zu bekennen?" Katie erklärte ihr, wie schwierig dieses Bekenntnis in dem Bewusstsein sei, damit unter Umständen ihren guten Ruf zu verlieren. Sie beschrieb unter Tränen das Opfer Jesu und kam zu dem Schluss: „Wenn meine Sünden Ihm das Leben gekostet haben, dann ist es das Mindeste, dass mein Leben kostbarer ist als mein guter Ruf!" Darüber war ihre Mutter so erstaunt, dass sie daraufhin die Botschaft ihrer Tochter für sich selbst in Anspruch nahm.

Ich bekam einen Brief von Jamie und Yolanda, einem jungen Paar aus England. Sie hatten mich in Lillian besucht und tief aus der Erweckung und der Offenbarung des Lammes geschöpft. Eines Tages kam der Geist der Offenbarung auf Jamie und zeigte ihm Isaaks Frage an seinen Vater, als er gerade auf dem Berg ein Ofer darbringen wollte. Isaak rief: *„Vater, […] wo ist das Lamm?"* (siehe 1. Mose 21,7). Plötzlich sah Jamie seine eigene junge Generation als Isaak Generation, hungernd nach einer tiefen Offenbarung von Jesus und rufen: „Vater, wo ist das Lamm?"

Er teilte diese Offenbarung seinem Pastor mit und plötzlich kam der Heilige Geist und heilte seinen Rücken, der ihm an diesem Morgen große Schmerzen bereitet hatte. Yolanda schrieb mir und meinte: „Wir sind so begeistert, dass wir hier Gottes Wirken erlebt haben, nachdem wir bei dir das Lamm verherrlicht hatten!"

Pastor Clay, dessen Tochter Mary sich auf ihrer Urlaubsreise bei uns bekehrt hatte, rief mich an und bat mich ihm zu erzählen, was an dem Abend geschah, an dem sie zum ersten Mal eine Offenbarung vom Lamm bekam (Geschichte in Kapitel 2). Am gleichen Abend schrieb sie ihrem Vater eine E-Mail:

Papa, wir müssen das Blut des Lammes anschauen [...] Während Sein Gesicht bis zur Unkenntlichkeit geschlagen wurde, dachte er an dich. Er dachte an dich, als Sein Bart aus dem Gesicht gerissen wurde, als Sein Rücken zerrissen und Sein Fleisch durchbohrt wurde [...] Wenn wir nur den Zorn Gottes begreifen könnten, den Jesus für uns trank. Er kam vom Himmel herab und trat aus der Ewigkeit heraus um den Kelch unserer Bestrafung zu trinken. Ewige, nicht endende Bestrafung für unsere Sünden [...] Papa, ich finde keine passenden Worte um das zu erklären [...]

Kurz danach diente dieser Pastor in der Ukraine und las vor der Versammlung den Brief seiner Tochter vor. Beim Hören dieser einfachen Worte die das Lamm beschrieben, fingen sie an zu weinen und kamen nach vorne zum Altar. Als sie sich alle dem blutenden Lamm Gottes hingaben, wehte ein frischer Wind der Heiligkeit über sie hinweg.

Ein Jahr nach ihrer Bekehrung stand Mary, das neunzehnjährige Mädchen aus England, in einer Kirche in Bulgarien vor tausend Menschen und verkündigte das Lamm. Sie schilderte wie Jesus ihre Sünden auf sich nahm und wie dann der Vater die ganze Hölle auf Ihn ausleerte, die eigentlich sie verdient hatte. Während sie sprach, bebte ihr Herz vor Leidenschaft für das Lamm. Sie strömte aus ihr heraus und bewirkte, dass die

Herzen der Zuhörer ebenfalls anfingen zu beben. Der Pastor war zutiefst betroffen, erhob sich und gab zu Tränen gerührt einen Altaraufruf. Die Leute strömten nach vorne um das Lamm Gottes kennenzulernen und mit Seiner Auferstehungskraft in Berührung zu kommen.

Dies sind nur ein paar Geschichten die mir die Studenten berichtet haben und ich kann dir die Freude, die ich dabei habe, dass Jesus die Belohnung für Seine Leiden bekommt, kaum vermitteln. Es geht nicht nur darum, große Dienste zu verrichten. Es geht nicht darum, Ruhm zu erlangen. Es geht auch nicht darum, ein gewaltiges Vermögen anzuhäufen sondern darum, diese Botschaft an die kommende Generation weiterzugeben, bis Jesus die Belohnung für Seine Leiden empfängt, weil Er sich selbst als das Lamm hingegeben hat.

Eine Offenbarung für deine Generation

Wo sind jetzt diejenigen, die ihre Schaufel nehmen und den Sohn Gottes, als das Lamm, aus dem Schutt ausgraben?

Wirst du dieser Mann oder diese Frau sein? Wirst du deiner Generation eine Offenbarung vom Lamm geben? Wirst du das Herz Gottes beruhigen?

Wenn ja, dann gehe auf deine Knie und rufe:

Oh Gott, ich erlaube dir, dass sich der Kelch der Bestrafung tief in mein Herz hinein brennt, bis ich durch die Zerbrochenheit Jesu zerbrochen bin! Dann möchte ich von ganzem Herzen das Blut deines Sohnes ehren! Ich möchte Sein Opfer verehren! Ich möchte von deinem lodernden Kelch sprechen! Ich möchte deine Kraft zeigen! Mit jedem Atemzug möchte ich meiner Generation eine Offenbarung Deines Sohnes als das Lamm geben!

Schaue auf und betrachte den durchbohrten Sohn Gottes. Blicke Jesus an, bis Er das Grab deiner Seele mit der *Auferstehungskraft des Lammes* flutet.

Literaturverzeichnis

1. Vater, Sohn und Heiliger Geist in der Auferstehung: Paulus beschreibt den Heiligen Geist als *„der Geist dessen, der Jesus aus den Toten auferweckt hat."* (Römer 8,11) In einer anderen Bibelstelle steht, dass der Vater Jesus von den Toten auferweckt hat (siehe Apostelgeschichte 2,24; Römer 6,4; 1. Korinther 6,14; Epheser 1,20). Zugleich beschreibt sich Jesus selbst als Beteiligter in Seiner Auferstehung (siehe Johannes 10,17-18), denn Er ist *„die Auferste-*

hung und das Leben" (Johannes 11,25). Daraus folgt, dass alle drei Personen der Dreieinigkeit an der Auferstehung beteiligt waren.

2. Lukas schrieb in Lukas 24,50: *„Er führte sie aber hinaus bis gen Betanien und hob seine Hände auf und segnete sie."* Aber in der Apostelgeschichte 1,12 schrieb er: *„Da kehrten sie nach Jerusalem zurück von dem Berg, welcher Ölberg heißt."* Das ist kein Widerspruch. Jesus führte sie über die Betanische Seite des Berges zum Ölberg hinauf. In Betanien weckte Jesus den Lazarus von den Toten auf; nun war Jesus bereit, von der Betanischen Seite des Berges vom Grab dieser Erde aufzuerstehen.

3. Charles Spurgeon, „Our Lord's Attitude in Ascension," *Spurgeon's Expository Encyclopedia*, Band 4 (Grand Rapids, MI: Baker Book House, 1977), Seite 419.

4. Charles Spurgeon, „Evidence of Our Lord's Wounds," (Internet: www.Spurgeon.org).

5. Charles Spurgeon, „The Wounds of Jesus," (Internet: www.Spurgeon.org).
6. Jack Canfield and Mark Victor Hansen, *Chicken Soup for the Soul* (Deerfield Beach, FL: Health Communication, Inc., 1993), Seiten 273-274.

8. Erhobene Herrlichkeit

Die offenbarte, ewige Herrlichkeit des Lammes

Zu Tränen gerührt sieht Johannes wie das Lamm im Himmel angebetet wird. Viele Engel sprechen mit lauter Stimme, *„würdig ist das Lamm, das geschlachtet worden ist, zu empfangen die Macht und Reichtum und Weisheit und Stärke und Ehre und Herrlichkeit und Lobpreis!"* (Offenbarung 5,12).

„Oh, Jesus, endlich empfängst du die Herrlichkeit die du verdient hast, weil du dein Leben als Lamm hingegeben hast!" ruft Johannes und blickt auf zu Jesus.

Er strahlt wie ein Himmelskörper, der den ganzen Himmel mit Seiner Herrlichkeit erhellt. Mit steigendem Lobpreis im Herzen überlegt Johannes, wie es wohl im Himmel gewesen sein mag, als sich Jesus zur rechten Hand des Vaters auf den Thron gesetzt hatte. Seine Gedanken wenden sich nun dem glanzvollen Augenblick in der Ewigkeit zu.

Das siegreiche Lamm

Jesus kam gerade vom Todeskampf am Kreuz zu einem Thron der Herrlichkeit um wieder Seinen Platz einzunehmen. Aber dieses Mal ist etwas anders: Er wohnt jetzt in verherrlichtem Fleisch, Er ist Gott-Mensch auf dem Thron.

Johannes ist tief in seinen Gedanken versunken: Jesus kam vom Tragen der Dornenkrone zum Tragen einer goldenen Krone der Herrlichkeit! Von Kleidung, die mit Blut getränkt war zu einem königlichen Prachtgewand! Von einer Zepter-Attrappe in Seiner Hand, zu einem Zepter der Herrschaft! Von der Beleidigung durch Menschen zur Anbetung von Engeln! Vom Schmutz der Sünde zu Schönheit und Heiligkeit! Von der Verlassenheit vom Vater zu einer persönlichen Gemeinschaft mit dem Vater! Vom Trinken des Kelches des Zornes des Vaters zum Trinken der Fülle Seiner Gegenwart!

Von daher ist es nicht verwunderlich, dass jedes Wesen im Himmel und auf der Erde ruft: *„Dem, der auf dem Thron sitzt und dem Lamm den Lobpreis und die Ehre und die Herrlichkeit und die Macht von Ewigkeit zu Ewigkeit!"* (Offenbarung 5,13).

Johannes schaut voller Staunen zu Ihm auf. Vom Opfer zum Sieger! Vom Wurm zum Krieger! Von der Erniedrigung zu Erhöhung! Von einem schwachen, blutenden Lamm zu einem verherrlichten Löwe-Lamm!

Das ist die höchste himmlische Herrlichkeit: Dass Er, der ganz hoch oben sitzt, sich so tief erniedrigen würde! Dass Er, der *„in Gestalt Gottes war*

[...] erniedrigte er sich selbst und wurde gehorsam bis zum Tod, ja, zum Tod am Kreuz" (Philipper 2,6+8).

Darum hat Gott ihn auch hoch erhoben und ihm den Namen verliehen, der über jeden Namen ist, damit in dem Namen Jesu jedes Knie sich beuge, der himmlischen und irdischen und unterirdischen, und jede Zunge bekenne, dass Jesus Christus Herr ist, zur Ehre Gottes, des Vaters (Philipper 2,9-11).

Das verherrlichte Lamm

Als Er Seinen Platz zur rechten Hand des Vaters einnimmt, hebt der verherrlichte Sohn langsam Seine Arme und Ströme von Pracht und Herrlichkeit fließen aus dem Lamm. Aus jeder Wunde blutet Herrlichkeit, Er ist tatsächlich: *„Ausstrahlung seiner Herrlichkeit und Abdruck seines Wesens"* (Hebräer 1,3).

Überwältigt von der Offenbarung göttlicher Herrlichkeit fällt Johannes zu Boden.

Jesu Gebet wurde erhört: *„Und nun verherrliche du, Vater, mich bei dir selbst mit der Herrlichkeit, die ich bei dir hatte, ehe die Welt war."* (Johannes 17,5) Im ganzen Himmel brach Lobpreis aus und die vier lebenden Wesen sprachen: „Amen!"

Die 24 Ältesten fielen nieder und beteten den an *„der lebt von Ewigkeit zu Ewigkeit"* (Offenbarung 5,14).

Wie die Herrlichkeit des Lammes vor Grundlegung der Welt die Unendlichkeit erfüllte, ist nun die Ewigkeit wieder mit dem süßen Licht des Lammes erfüllt. Seine Herrlichkeit strahlt von Ewigkeit zu Ewigkeit. Von Alpha bis Omega, vom Anfang bis zum Ende, von Ewigkeit zu Ewigkeit, war Er und ist Er und Er wird immer Gottes erhabenes Lamm der Herrlichkeit sein.

Der sichtbare Bereich der Schöpfung war schon immer mit Herrlichkeit erfüllt, aber für einen kurzen Augenblick trat Gott aus der Ewigkeit in Raum und Zeit ein, kam auf diesen Planeten und wandelte auf der Erde. Dann vergoss Er sein Blut. Denke darüber nach – der unvergängliche, unsichtbare, allein weise Gott vergoss Sein Blut auf dieser Erde! Der in unzugänglichem Licht wohnte kleidete sich in Lumpen menschlichen Fleisches und ließ zu, dass Sein Fleisch in Stücke zerrissen wurde. Der die *„Ausstrahlung von Gottes Herrlichkeit"* ist, gewährte sich selbst an ein Kreuz genagelt zu werden, an dem Er jeden einzelnen Tropfen des Zornes des Vaters aus dem Kelch trank.

Erkennst du es jetzt? Deshalb schrieb Habakuk: *„Da entsteht ein Glanz, dem Licht der Sonne* *gleich, Strahlen ihm zur Seite, und in ihnen verbirgt sich seine Macht."* (Habakuk 3,4)

Deshalb sagt Maleachi nun *„geht die Sonne der Gerechtigkeit auf und Heilung ist unter ihren Flügeln."* (Maleachi 3,20) Und *„durch seine Striemen ist uns Heilung geworden"* (Jesaja 53,5), weil unsere Wunden in Seinen heil geworden sind.

Die Quelle

Überwältigt von der Herrlichkeit des Lammes lehnt sich Johannes an einen Felsen. Er erinnert sich wieder an die Herrlichkeit, die auf dem Berg der Verklärung aus dem Leib von Jesus hervorstrahlte. Die angeborene Herrlichkeit des Herrn wurde aus Seinem fleischlichen Körper freigesetzt.

Er denkt an den Vorhang in der Stiftshütte, durch den die Herrlichkeit gefiltert wurde und so die Schaubrote auf dem Tisch im Allerheiligsten durchdrang (siehe 4. Mose 4,7).[1] Durch das Zerreißen des Fleisches Jesu riss dieser Vorhang entzwei und Seine Herrlichkeit erstrahlt bis in alle Ewigkeit.

Johannes erkennt ganz klar: *„Denn in dieser Hinsicht ist sogar das Verherrlichte nicht verherrlicht* (die Herrlichkeit des Gesetzes auf dem Gesicht des Mose) *wegen der überragenden Herrlichkeit* (die Herrlichkeit des Evangeliums auf dem Gesicht von Jesus). *Denn wenn das Vergehende in Herrlichkeit war, wie viel mehr besteht das Bleibende in Herrlichkeit!"* (2. Korinther 3,10-11)

Darum schrieb Paulus: *„Denn Gott, der gesagt hat: Aus Finsternis wird Licht leuchten! Er ist es, der in unseren Herzen aufgeleuchtet ist, zum Lichtglanz der Erkenntnis der Herrlichkeit Gottes im Angesicht Jesu Christi"* (2. Korinther 4,6).

Johannes ruft sich die Worte Jesu ins Gedächtnis zurück, die hatte er zu diesem Zeitpunkt noch nicht verstanden: *„Kommt etwa die Lampe, damit sie unter den Scheffel oder unter das Bett gestellt wird? Nicht damit sie auf das Lampengestell gestellt wird? Denn es ist nichts Verborgenes, das nicht offenbar gemacht werden soll, auch ist nichts Geheimes, das nicht ans Licht kommen soll."* (Markus 4,21-22) Jetzt versteht Johannes! Weil Jesus gekreuzigt wurde, auferstanden ist und verherrlicht wurde, leuchtet das Licht der Lampe. Daher heißt es: *„Und die Stadt bedarf nicht der Sonne noch des Mondes, damit sie ihr scheinen; denn die Herrlichkeit Gottes hat sie erleuchtet, und IHRE LAMPE IST DAS LAMM."* (Offenbarung 21,23)

Johannes sieht die glänzenden Strahlen aus dem Lamm hervorströmen und dass Er aussieht wie eine Quelle des Lichts und des Lebens. Wie David sprach: *„Mit dem Strom deiner Wonnen tränkst* *du sie. Denn bei dir ist der Quell des Lebens; in deinem Licht sehen wir das Licht."* (Psalm 36,9-10)

Der alte Apostel weiß tief in seinem Herzen, dass die Ursache für die Ströme des Lichts, die von dem Lamm Gottes ausgehen die Quelle ist, die sich auf Golgatha geöffnet hat. Diese alte walisische Hymne macht das noch deutlicher:

Auf dem Berg der Kreuzigung
öffnete sich ein Brunnen tief und breit;
durch die Schleusen der Barmherzigkeit Gottes
floss eine große und gnädige Flut:

Gnade und Liebe, wie mächtige Flüsse
strömten unaufhörlich von oben
und der Friede des Himmels und vollkommene Gerechtigkeit
küssten in Liebe eine schuldige Welt.

Im Himmel steht jetzt das verherrlichte Lamm im Mittelpunkt. Von seinem verherrlichten, menschlichen Leib strahlt Herrlichkeit hervor. Er ist das Herzstück des gesamten Himmels. Die gesamte Luft ist mit Herrlichkeit erfüllt. Die Seraphim atmen sie ein und rufen: *„Heilig, heilig, heilig."* (siehe Jesaja 6,3; Offenbarung 4,8)

Wahre Anbeter sonnen sich darin, aber es gibt nur eines, das den Himmel zum Himmel macht.

Es ist der Eine, von dem die Herrlichkeit ausgeht. Er ist die zentrale Sonne des Universums. Er ist der Leuchter des Himmels, die Sonne der Ewigkeit, Gottes erhabenes Lamm der Herrlichkeit.

„Würdig ist das Lamm!"

Manchmal geht es mir während der Lobpreiszeit in Brownsville so wie Johannes. Die Gegenwart Gottes breitet sich aus und ich spüre sie in meinem Herzen. Aber wenn wir vom Lamm singen und Seinem Blut ist es so, als ob ich durch den Vorhang hindurchgehe. Wie unser früherer Pastor John Kilpatrick sagte: „Der Herr küsst Lieder über das Blut mit einem besonderen Maß Seiner Gegenwart."

In diesen Zeiten brennt mein Gesicht vor lauter Wärme von dem Licht von Seinem Angesicht. In Seiner Gegenwart kann ich den Heiligen Geist klar und deutlich hören. Seine Gegenwart durchdringt jeden Teil meines Wesens so dass ich fast die Wundmale in Seinem Fleisch berühren kann.

An einem warmen Sonntagmorgen Anfang Februar 2003 leitete Lindell Cooley die Gemeinde in das Abendmahl. Er sagte: „Wie du sicher bemerkt hast, sprechen wir in Brownsville viel über das Blut und das Kreuz."

Mein Herz hüpfte vor Freude als er sagte: „Ich singe Lieder darüber, wie sehr ich den Herrn brauche. Aber soviel ich weiß, gibt es nur eine Sache, die ewig ist. Es ist das Kreuz und das Blut von Jesus!" Dann fuhr er leidenschaftlich fort: „Gott, vergib uns wenn wir uns mehr darüber freuen, dass du unsere Wünsche erfüllst, obwohl du doch für uns gestorben bist! Wenn du dich nicht über das Kreuz freust, brauchst du eine Begegnung mit Jesus! Du brauchst Seine Errettung!"

Er lächelte mit seinem jugendhaften Grinsen und sagte: „Sicher habt ihr euch heute Morgen alle schick angezogen und seht gut aus. Aber unser Vater sandte einen Sohn vom Paradies – aus einem perfekten Land – in einen schmutzigen Stall."

„Oh Herr", rief er und schaute auf zu Gott, „mögen meine Augen beim Schauen auf das Kreuz nicht trocken bleiben! Möge mein Herz wegen dem, was du für mich getan hast, niemals kalt sein. Ich war ein Kind der Hölle! Ich gehörte in die Hölle! Aber die barmherzige, durchbohrte Hand Jesu griff hinunter in den Abgrund und rettete mich!"

Lindell gründete dann später seinen eigenen Dienst, doch die Gegenwart Gottes strömte weiter nach Brownsville. Für mich war es, als ob der Lobpreis das Dach des Heiligtums wegblies als

Tony Hooper, seine Band und der Chor uns dann in die herrliche Anbetung des Lammes hineinführte.

Ist es beim Herrn nicht genauso? David setzte die Leviten ein um die Bundeslade zurückzubringen (siehe 1. Chronik 15). So gebraucht auch Er Leviten und Anbeter um die Bundeslade in das Zentrum der Kirche zurückzubringen. Wie Joschafat, der die Sänger in der vordersten Reihe antreten ließ (siehe 2. Chronik 20), gebraucht Er Sänger, damit sie die Zuhörer in die Gegenwart Gottes führen. Wie die Anbeter in Salomos Tempel (siehe 1. Könige 8), gebraucht Er Anbetungsleiter um Herrlichkeit in den Gottesdienst hereinzubringen. Sie leiten uns in das Allerheiligste wo wir das Lamm betrachten können.

Wenn wir das Lamm anschauen, wird Seine Herrlichkeit auf uns herabströmen wie das Licht, das von der Sonne ausströmt. Wenn Seine Herrlichkeit über uns ausgegossen wird, werden wir das Lamm noch klarer betrachten können. Endlich wird der Sohn Gottes die Ehre dafür empfangen, dass Er Sein Leben als Lamm hingegeben hat. Vielleicht hilft die folgende Geschichte um das zu verdeutlichen.

Der berühmte Musiker

Eines Tages kam ein junger Musiker in eine europäische Kathedrale. Wertschätzend hörte er der Musik eines alten Organisten zu. Dann fragte der junge Musiker, ob er einmal auf der kostbaren Orgel spielen dürfe. Der alte Mann war etwas zurückhaltend weil er diesen Fremden nicht persönlich kannte. Der junge Mann überredete ihn schließlich und setzte sich, um zu spielen.

Plötzlich war die Kathedrale mir der herrlichsten Musik erfüllt die dort jemals gespielt wurde. Mit Tränen in den Augen legte der alte Organist seine Hand auf die Schulter des jungen Mannes und fragte: „Wer sind Sie?"

„Mendelssohn", antwortete er. Der alte Mann schnappte nach Luft weil er erkannte, dass der berühmteste Musiker der Gegenwart gerade auf seiner Orgel gespielt hatte und er hätte das beinahe noch verpasst.

Aber es gibt noch einen berühmten Musiker der im Himmel wartet. Er spielte Sein Meisterwerk auf einem kleinen Hügel außerhalb von Jerusalem. Die Instrumente waren Dornen, Peitschen und Nägel. Die Symphonie kam aus Seinem Herzen.

Der Vater war der Komponist, der Heilige Geist der Dirigent, die Engel waren der stille Chor aber der Sohn war der einsame Solist. Sein Rufen war das Lied, die Partitur wurde auf Seinem Körper gespielt.

Nun möchte Er Seine Kirche mit der Musik Seiner Herrlichkeit erfüllen, aber es wird nicht dazu kommen bis Es Ihm gestattet wird, Seinen rechtmäßigen Platz einzunehmen. Wenn wir dann endlich beginnen das Lamm anzubeten, das Lamm Gottes zu verkündigen, die Werke des Lammes Gottes zu lehren, dann wird Seine Auferstehungsherrlichkeit das Heiligtum mit den herrlichsten Klängen erfüllen, die jemals auf Erden gehört wurden.

Wenn die Kirche schließlich das Lamm aufrichtig ehren wird, dann wird echte Anbetung des Himmels herabkommen. Dann wird das Gebet Jesu erhört werden: *„Dein Reich komme,* [...] *wie im Himmel, so auch auf Erden"* (Matthäus 6,10). Was sich im Thronsaal abspielt wird auf der Erde sichtbar sein und im Mittelpunkt wird ein demütiges, verwundetes Lamm stehen, der Menschensohn, der aussieht wie ein Lamm.

Die Kirche wird in der Herrlichkeit Gottes erstrahlen. Wie Jesus gebetet hat, so wird Seine Herrlichkeit uns vereinen damit die Welt erkennt, wer Er ist (siehe Johannes 17,20-24). Dann werden sie erkennen, was Gott alles für sie getan hat.

Dann werden sie wissen, dass Er nicht „nur an einem Kreuz starb wie so viele Märtyrer". Seine

Kreuzigung hat sich vom Tod irgendeiner Person die jemals gelebt hatte oder verstarb deutlich unterschieden, weil der Sohn Gottes jeden einzelnen grausamen Tropfen des Gerichtes Seines Vaters getrunken hat. Weil Er in der unaufhörlichen Hölle versank können sie jetzt in das unaufhörliche Glück des Himmels versinken. Weil Er ihre Bestrafung auf sich nahm können sie jetzt Seinen Frieden haben (siehe Jesaja 53,5). Weil Er den Kelch des Zornes des Vaters trank können sie nun aus dem Brunnen Seiner Herrlichkeit trinken. Weil Sein Herz vor Trauer und Schmerz zersprang kann ihr Leben von Auferstehungskraft des Lammes überfließen. Diese Botschaft wird die größte Seelenernte aller Zeiten hervorbringen. Es ist die einfache, herzzerreißende und lebensverändernde Wahrheit vom Lamm, Gottes erhobenes Lamm der Herrlichkeit.

Ihn betrachten

Natürlich werden wir das Lamm nicht richtig sehen können bis wir in einem neuen Körper bei Ihm im Himmel sein werden. Bis dahin dürfen wir jedoch durch das Fenster der Schriftstellen schauen und uns die Szenen bildhaft vorstellen.

Bevor du nun das letzte Kapitel liest, komm doch noch einmal mit und betrachte das Lamm der Herrlichkeit.

Trete über den Vorhof hinaus, in dem tausende von Engeln anbeten und komm herein in das Heiligtum, in dem die Ältesten anbeten. Trete durch das Blut des Lammes in das Allerheiligste ein (siehe Hebräer 10,19).

Bunte Strahlen füllen den Raum, der Thron ist umgeben von einem Kaleidoskop an Farben. Das Grollen von Donner ist hörbar, Blitze flackern im himmlischen Reich (siehe Offenbarung 4,3+5).

Sieh wie die brennenden Seraphim den Herrn umringen. Es sind flammende Wesen die dem Thron ganz nah sind. Sie bedecken ihr Angesicht mit ihren Flügeln weil sie die lodernde Herrlichkeit und Heiligkeit des Lammes nicht aushalten können (siehe Jesaja 6,2; Offenbarung 4,8).

Richte deinen Blick zu dem Einen, von dem die Herrlichkeit ausgeht. Er ist der Ursprung, die Quelle der Herrlichkeit.

Schaue mit den Augen deines Herzens: *„Und ich sah inmitten des Thrones und der vier lebendigen Wesen und inmitten der Ältesten ein Lamm stehen wie geschlachtet"* (Offenbarung 5,6). Er ist der Liebling des Himmels, gekreuzigt. Der auferstandene Menschensohn, der Allgegenwärtige der sich selbst als Lamm geopfert hat.

Schaue dir Seinen Kopf und Seine Haare an, einst mit Blut getränkt und nun hell leuchtend wie Schnee. Betrachte Seine Augen, aus denen einmal Tränen des Kummers flossen und nun aussehen wie eine Feuerflamme. Schaue in Sein Gesicht, das einmal von den Schlägen geschwollen war und nun heller strahlt als das Licht der Sonne. Schaue Seinen Körper an, der entkleidet und blutüberströmt war und jetzt in unvergängliche Majestät eingetaucht wurde (siehe Offenbarung 1,14).

Konzentriere dich nun auf Seine Hände und Füße. Die Hände haben geblutet von den Wundmalen der Nägel und nun: *„Sein Glanz war wie Licht, Strahlen gingen aus von seinen Händen. Darin war verborgen seine Macht"* (Habakuk 3,4). Siehe die Füße, die einmal an einem Holzpfahl festgenagelt waren und nun glänzen wie Erz (siehe Offenbarung 1,15). Betrachte Seine Seite, einst von einem Speer durchbohrt und nun fließen Ströme der Erweckung auf die Erde (siehe Offenbarung 22, 1-2). Schaue auf Sein Herz, aus dem Seine Auferstehungskraft kommt. Schaue zu der Quelle der Herrlichkeit und höre, wie er zu dir sagt: „Die Wunde in meinem Herzen ist um deinetwillen".

Nun komm zu den Strömen und trink, weil du ihm erlaubt hast, die Vorhänge deiner Seele durch einen langen, tiefen Blick auf das Lamm zu durchdringen. Deswegen ist dein Herz jetzt bereit die Fülle Gottes aufzunehmen.

Nimm Ströme des lebendigen Wassers in dich auf und gib es dann wieder an Ihn zurück. So wie ein Fluss in das Meer fließt strömt Herrlichkeit von Ihm, durch Ihn und wieder zu Ihm zurück.

Die Bibel sagt: *„Denn aus ihm und durch ihn und zu ihm hin sind alle Dinge"* (Römer 11,36). Letztlich fließt der Strom rückwärts und führt dich zurück zu dem Herz Jesu, der Quelle der Herrlichkeit des Lammes.[2]

Literaturverzeichnis

1. Die Priester durften die Schaubrote nach sieben Tagen essen. Manche denken, dass das Brot, nachdem es eine Woche lang auf dem Tisch lag, altbacken war, aber aus der Überlieferung der Hebräischen Tradition ist bekannt, dass es frischer war, als an dem Tag, an dem es gebacken wurde. Dies ist darauf zurückzuführen, dass das Shekinah Licht durch den Vorhang in das Heiligtum strahlte.

2. Pastor John Kilpatrick, der in der Zwischenzeit seinem apostolischen Ruf folgte, erzählte einmal vor der Versammlung einen Traum. Er berichtete, wie er in dem Traum einen Fluss gesehen hatte, der rückwärts floss. Meine persönliche Interpretation dieses Traumes war, wie Flüsse wieder zurück zu ihrer Quelle in das Meer fließen, so wird der Strom der Herrlichkeit Gottes, den er bald ausgießen wird, wieder zu dem Lamm zurückfließen, weil er die Quelle, weil er der Ursprung der Herrlichkeit ist.

9. Die Herrlichkeit, die Ihm gebührt
Den Sohn verherrlichen, weil Er das Lamm wurde

Mit zitternden Händen und feurigem Herzen richtet sich der alte Apostel auf und ruft mit Tränen in den Augen: „Warum ich Herr? Warum nicht Petrus, Paulus oder Jakobus? Warum hast du mir diese Vision des Lammes gegeben?"[1]
Plötzlich schaut Johannes auf das Lamm und versteht. Es ist nicht deshalb weil er der jüngste von den Jüngern war und auch nicht, weil er an der Brust des Meisters gelegen hatte. Der Grund, warum Johannes diese Offenbarung vom Lamm bekam ist, weil er der einzige von den Zwölfen war, der am Fuß des Kreuzes stand.
Nur Johannes war bereit sein Leben zu riskieren um Jesus zu dem blutigen Hügel außerhalb von Jerusalem zu folgen. Er sah dem Sohn zu, wie er sich im Schmutz der menschlichen Sünde gewunden hatte. Er beobachtete Ihn, wie Er jeden einzelnen Tropfen aus dem Kelch des Vaters trank. Er spürte, wie es ihn mitten ins Herz traf, als er den verzweifelten Schrei von Jesus hörte: *„Mein Gott, mein Gott, warum hast du mich verlassen?"*
Er hatte mit angesehen wie der kalte Stahl des Speeres eines Soldaten in Seine Seite gestoßen wurde. Er hatte Seine Auferstehungsherrlichkeit

erlebt und schaute im Obersaal in Seine Wunden. Später schaute er zu wie Er in den Himmel auffuhr und sie dabei noch mit Seinen vernarbten Händen segnete.

Der Grund warum Johannes diese gewaltige Offenbarung vom Lamm im Himmel bekam ist der, weil er der Jünger war, der bereits eine Offenbarung des Lammes hatte, als Er auf der Erde war.

Warum hat mir das bisher keiner gesagt?

Einmal las ich dieses Buch einer Gruppe junger Männer und Frauen vor. Nachdem die Kapitel über den Kelch beendet waren, lagen die meisten von ihnen auf dem Boden und weinten. Danach sprachen sie über ihre Enttäuschung: „Warum hat uns das bisher noch niemand erzählt?"

Es ist ein bisschen wie in der Geschichte des jungen Mannes, der von Geburt an blind war und dann operiert wurde und auf einmal sehen konnte. Da er sich nun an der Schönheit der Natur erfreuen konnte, nahm ihn seine Mutter mit an die Küste, wo er über das weite Meer schauen konnte und die Schaumkronen am Ufer beobachten. Sie ging mit ihm in die Berge wo er schneebedeckte Gipfel sah und einem Adler zuschaute, wie er geschickt den Wind unter seinen Flügeln nutzte um höher zu steigen und dann majestätisch seine Kreise am Himmel zog. Zusammen gingen sie in den Wald wo er Bäche sah, die sich durch den Wald schlängelten und bestaunte hoch aufragende Mammutbäume.

Während der ganzen Zeit waren die Augen des Jungen voller Erstaunen über das, was er sah aber er sagte kaum etwas. Schließlich platzte er mit Tränen der Empörung heraus: „Warum hat mir niemand gesagt wie schön das alles ist?"

Geht es dir genauso? Nimmt deine Enttäuschung noch zu wenn du verstehst, dass es eine tiefe Offenbarung vom Kreuz gibt und du das nie mitbekommen hast? Und zwar so sehr, dass dir nie jemand vom Herzstück des christlichen Glaubens berichtet hat?

Wenn es dir so geht, dann bitte ich dich im Namen von Jesus Christus erzähle du es ihnen! Schreibe Bücher, male Bilder, komponiere Lieder, produziere Filme und Videos, inszeniere Theateraufführungen, unterrichte in Seminaren, verkündige die Botschaft.

Aber wenn du das tust, dann sage ihnen was Jesus als das Lamm getan hat.

Verwandle die Ohren der Leute in Augen damit sie sehen können, wovon du sprichst. Paulus schrieb: „ […] *denen Jesus Christus als gekreuzigt vor Augen gemalt wurde"* (Galater 3,1). Das griechische Wort für gemalt heißt *prographo* und bedeutet: „vor Augen malen". John Stott sagte:

„Es ist eine der größten Fertigkeiten und Bega-
bungen in der Verkündigung des Evangeliums die
Ohren der Zuhörer in Augen zu verwandeln und
für sie sichtbar zu machen, wovon wir reden."[2]

Ob nun beim Predigen, Malen oder Singen, zeige
den Leuten wie Sein Blut an Seinem Gesicht
heruntertropft. Lass sie die Peitsche und die
Dornen spüren und den Speer, durch den Sein
Fleisch verstümmelt wurde. Lass sie Sein erschüt-
terndes Schreien hören. Lass sie den Schmerz
wahrnehmen, bei dem Sein Herz zerriss. Lass sie
die Gefühle empfinden, die Leidenschaft, die
Herrlichkeit.

Zeige ihnen vor allem den Kelch des Zornes und
der Hölle, den Er so schmerzvoll nahm und hin-
unterschluckte. Zeige ihnen wie er in Gethsemane im Schmutz herumkroch und sich mit dem
Schrecken auseinandersetzte den Kelch Seines
Vaters zu trinken, bis Sein Körper mit verklump-
tem Blut bedeckt war. Zeige ihnen den Inhalt des
Kelches. Lass sie die Flammen der Hölle erkennen, die Er verzehrte.

Ermögliche ihnen den Schmerz im Herzen des
Vaters nachzuempfinden, wie Er Seinen geliebten Sohn bestrafte. Lass sie die Qual der Trennung zwischen dem Vater und dem Sohn spüren.
Zeige ihnen den Kelch des Zornes den Jesus in
einen Segenskelch umwandelte. Lass sie die Auf-

erstehungskraft die aus Seinem Herzen strömt erkennen und erleben.

Die Welt wartet darauf das zu sehen. Sie wollen einen echten Jesus sehen, Einer der Tränen weint, Blut vergießt, Schmerz spürt, der Mitleid hat, Hoffnung gibt, ihre Seelen rettet und ihnen Seine Kraft schenkt. Zeige ihnen einen authentischen Gott der ein Lamm wurde.

Wenn es dich betrübt, dass du bis heute nichts davon gewusst hast, dann bitte ich dich: Lass nicht noch einmal hundert Jahre vergehen. Lass nicht eine weitere Generation diese Szene ausblenden ohne die Herrlichkeit des Lammes freigelegt zu haben.

Studenten erzählen die Geschichte

Ich konnte die Freude kaum fassen die ich empfand, während ich Studenten zusah, die die Geschichte des Lammes auf unterschiedliche Weise darstellten.

Vier meiner Studenten verbrachten jeweils um die dreißig Stunden damit, Ausschnitte von verschiedenen Jesus Filmen zusammenzustellen. Sie zeigten Peitschenhiebe, Nägel, Blutstropfen, schreiende Menschen und Jesus, der weinte. Während der Kreuzigungsszene zeigten sie Bilder von leidenden Kindern, sterbenden Menschen, Täuschung durch falsche Religionen und von

Krieg. Danach kam die ruhige Frage: *„Wirst du einer verlorenen und sterbenden Welt Jesus Christus und Ihn als gekreuzigt verkündigen?"* Wir alle waren davon zutiefst betroffen.[3]

Joseph, auch ein Student, produzierte ein Video das Jesus als das Lamm zeigte, das am Kreuz blutete. Er überlagerte die Szene mit einem Bild von Ihm über der Klagemauer in Jerusalem. Es war eine gewaltige Demonstration der Liebe Jesu für Israel und wie Er über Seinem jüdischen Volk Tränen vergoss.

In einer meiner Unterrichtsklassen schrieb Patti ein Lied über das Herz Jesu, das am Kreuz aufbrach. Sie begleitete das Lied mit ihrer Gitarre und brachte damit unsere Herzen zum Schmelzen. Cathy schrieb ein starkes Lied über den Kelch des Vaters. Ich hörte sie in einer Kirche in England dieses Lied über das Lamm singen und darauf füllte die Gegenwart Gottes den ganzen Altarraum. Pearlcy malte das Bild eines Lammes auf dem Altar und aus den Wunden floss Blut. Im Hintergrund konnte man einen Vater erkennen, der Zorn auf das Lamm ausgoss und der aussah wie Rauch der zum Himmel aufstieg.

Ron, ein Student mittleren Alters, kam zu unserem Camp und baute einen Gebetsgarten mit einem massiven Kreuz, Fackeln und einem Wasserfall, der vom Kreuz hinabfloss. Ich selbst stand im Hintergrund und beobachtete unsere Erweckungsstudenten wie sie Dutzende von Theaterstücken aufführten und in diesem wunderschönen Gebetsgarten hunderten von jungen Menschen eine Offenbarung von dem Lamm weitergaben. Ich sah Teenager, die mit großen Augen Ryan und Victor dabei zusahen, wie sie den Teil des Sketches vorführten, in dem Jesus geschlagen, getreten und gekreuzigt wurde. Danach würde „Jesus" vom Kreuz heruntersteigen und den jungen Leuten sein ganzes Herz heraus predigen, während das „Blut" an seinem Körper herunterläuft und von seinen Händen tropft. Eines Abends stieg Ryan vom Kreuz herunter und zeigte einer Gruppe von Teenagern seine blutigen Hände. *Dein Blut ist an meinen Händen!"* rief er. Ich bemerkte einen siebzehnjährigen Jungen, der im Bus mit seiner Jugendgruppe auf dem Weg zu unserem Camp war und Drogen nahm, wie er auf Ryan's Hand schaute. Auf einmal brach er in herzzerreißendes Schluchzen aus. Als er das Blut Jesu sah, wurde sein Herz durchbohrt. Er bereute zutiefst seine Sünden, tat Buße und übergab sein Leben Jesus Christus.

Eines Abends bemerkte ich wie Curt ausgestreckt auf dem Boden lag und weinte: „Jesus, du hast den Kelch für mich ausgetrunken. Du hast den Kelch für mich getrunken!" Ein paar Monate später saßen wir mit Studenten von der Florida State Universität am Lagerfeuer. Curt predigte, brüllte vor Leidenschaft und betete mit ihnen, um eine Offenbarung vom Lamm zu bekommen und um diese dann wiederum an ihre Generation weiterzugeben.

Mit Sicherheit hast du erkannt warum mein Herz weint, wenn ich den Heiligen Geist sehe, wie er eine Offenbarung vom Lamm in die Herzen dieser jungen Menschen hineinbrennt. Es überwältigt mich noch mehr wenn ich sehe, wie sie sich der kommenden Generation zuwenden und es ihnen weitervermitteln.

Niemals zu alt

Vielleicht denkst du jetzt, dass du dafür zu alt bist. An der Brownsville Erweckungsschule sage ich zu meinen älteren Studenten: „Gott hat dich hierher gebracht um dich als Leiter für die nächste Generation auszubilden." Ich erinnere sie daran: „Josua war achtzig Jahre alt als er die junge Generation in das verheißene Land hineinführte!" Wie du siehst, hungert diese Generation nach älteren Leuten die sie lieben, die vorangehen, sie betreuen und die ihre Weisheit an sie weitergeben.

Ich hörte die Geschichte einer 75-jährigen blinden Frau, die mit aufgeschlagener Bibel vor einer Schule saß. Wenn ein Schüler an ihr vorbeikommen würde, dann würde sie ihn bitten, ihr einen

Vers vorzulesen, den sie unterstrichen hatte. Der junge Mann würde dann diesen Vers lesen: *„Denn so hat Gott die Welt geliebt, dass er seinen eingeborenen Sohn gab, damit jeder, der an ihn glaubt, nicht verloren geht, sondern ewiges Leben hat."* (Johannes 3,16)

Dann würde sie ihn fragen: „Weißt du was das bedeutet?" Fast immer ergibt sich anschließend die Möglichkeit das Evangelium weiterzugeben. Und sie führte bereits viele junge Menschen zum Herrn und das obwohl sie 75 Jahre alt und blind ist.

Als ich dreizehn Jahre alt war hörte ich ein Lied von einer 45-jährigen behinderten Frau, welches mein Leben veränderte. Solange ich denken konnte hatte ich versucht Gott zu finden, aber meine Eltern waren nicht gläubig und ich wusste nichts von Jesus. Ein Freund hatte mich zu einer Erweckungsveranstaltung mitgenommen und dort hörte ich das erste Mal in meinem Leben das Evangelium. Aber es war nicht die Predigt die mich angesprochen hatte, es war dieses Lied.

Die Versammlung sang: „So wie ich bin, so muss es sein, nicht meine Kraft, nur du allein! Dein Blut wäscht mich von Flecken rein. O Gottes Lamm, ich komm, ich komm!"

Ich weinte und dachte: „O Gott, ich kann wegen meiner Sündhaftigkeit nicht nach vorne zum Altar kommen! Ich möchte nach Hause gehen und

den ganzen Tag lang beten und versuchen, so rein zu werden, damit ich morgen nach vorne gehen kann um Jesus Christus als meinen Retter anzunehmen." Dann hörte ich diese Worte: „So wie ich bin, vom Sturm gejagt, mit bangen Zweifeln oft geplagt, vom Feind bedroht und sehr verzagt. O Gottes Lamm, ich komm, ich komm!"
Auf einmal verstand ich, dass mich das Blut Jesu reinigen konnte. Ich rannte nach vorne und betete um Ihn als meinen Erlöser anzunehmen. Ich erfuhr später, dass die Frau, die „So wie ich bin" geschrieben hatte, sehr enttäuscht darüber war, dass sie wegen ihrer Behinderung nicht in die Mission gehen konnte.[4] Dieses Lied, geschrieben von einer behinderten Frau mittleren Alters, führte mehr Menschen zu Jesus Christus als hundert Missionare. Bitte denke also niemals, dass du zu alt bist!

Demütig wie ein Lamm

Wenn deine Augen offen sind und das Lamm klar erkennen, dann denke bitte nicht, dass du eine „besondere Offenbarung" empfangen hast. Es gibt keine neue Lehre über das Lamm. Sie ist so alt wie die Bibel, wird aber von anderen Lehren, die scheinbar viel interessanter sind, in den Hintergrund gedrängt.

Wir alle erwarten eine größere Welle der Herrlichkeit in der Kirche, aber die Herrlichkeit kommt möglicherweise nicht auf diesem Weg zu uns. Leise und fast unbemerkt schlüpft sie herein, so wie Jesus es gerne tut. Er kommt in eine bescheidene Krippe, gewickelt in Lumpen der Demut und von armen Schafhirten verehrt. Er gebraucht demütige Anbeter, die mit der Sanftmut des Lammes bekleidet sind, um die Herrlichkeit des Lammes zu bringen.

Halte dein Herz in Demut, zerbrochen am Fuß des Kreuzes. Wie Judson Cornwall in seinem Buch *„Forbidden Glory"* sagte: „Diejenigen die näher zu Gott wollen, müssen lernen, demütiger zu werden."[5] Er erklärte: „Wahre Demut bedeutet nicht, auf sich selbst zu schauen sondern auf Christus."[6]

Richte dein zerbrochenes Herz auf Golgatha und blicke mit Freude auf das Lamm. Lass deinen Herzensschrei denselben sein wie der von Paulus: *„Mir aber sei es fern, mich zu rühmen als nur des Kreuzes unseres Herrn Jesus Christus"* (Galater 6,14). Schließe dich als ein demütiger Jünger des Lammes den „Namen- und Gesichtslosen", der Johannes der Täufer Generation an, die sich nach oben richtet um das Lamm zu betrachten.

Herrlichkeit am dritten Tag

Hosea prophezeite: *„Er wird uns nach zwei Tagen neu beleben, am dritten Tag uns aufrichten, dass wir vor seinem Angesicht leben."* (Hosea 6,2) Während ich dieses Buch schreibe, geht das dritte Jahr des dritten Jahrtausends n. Chr. zu Ende. Ich persönlich glaube, dass der Herr an diesem „dritten Tag" und in den Tagen danach, eine junge Generation durch Seinen Heiligen Geist berührt. Er bewirkt, dass sie die Herrlichkeit erleben, die vom Lamm Gottes ausgeht.

Dies ist der Tag der Herrlichkeit Gottes. Jonathan Edwards, den ich für einen der feinsten amerikanischen Theologen halte, blickte prophetisch in die Zukunft und sah eine „Herrlichkeit der letzten Tage". Er beschrieb dies als eine Zeit, in der Gottes Volk das Licht der Herrlichkeit Gottes nicht nur einmal sehen wird wie Mose, oder wie der Hohepriester einmal im Jahr, sondern sie sollen darin leben und wandeln und es soll ihr tägliches Licht sein."[7]

Diese Tage werden kommen, wenn *„die Erde davon erfüllt sein wird, die Herrlichkeit des Herrn zu erkennen, wie die Wasser den Meeresgrund bedecken"* (Habakuk 2,14; siehe auch Jesaja 11,9). Dies wird die Erfüllung des großen Laubhüttenfestes sein. So groß wird dieser Tag der Herrlichkeit sein, dass das Königreich des Himmels auf die Erde kommen wird, ganz so, wie Jesus gebetet hatte.

Jetzt ist endlich die Fülle der Zeiten gekommen. Gott kommt vom Himmel herab und durchdringt den Vorhang, der die Kirche blind gemacht hat. Er gräbt sich durch den Schutt und ermöglicht uns, Seinen Sohn als das Lamm zu betrachten.

Das letzte Buch der Bibel enthält eine Offenbarung von Seinem Sohn als das Lamm (das Buch der Offenbarung) und so glaube ich, dass Gott in diesen Tagen der Kirche eine Offenbarung von Seinem Sohn als das Lamm gibt. Dann wird Gottes Sohn durch die Kirche in allen Nationen auf der Erde offenbart werden. Durch das Betrachten des Lammes werden wir mehr von Seiner Auferstehungsherrlichkeit sehen, aber Seine Herrlichkeit wird uns dazu bringen mehr von dem Lamm zu sehen.

Wie sollte es auch anders sein? Wie könnte der Vater den Vorhang des Fleisches Seines Sohnes zerreißen und uns erlauben dabei unbewegt zu bleiben? Wie kann er unendlichen Zorn über den Liebling seines Herzens ausgießen und uns gegenüber der Tiefe Seiner Leiden vergesslich werden lassen? Wie könnte Er es zulassen, dass die Herrlichkeit von Seinem durchbohrten Sohn fließt und uns dies missen lassen? Unmöglich!

Deswegen ist es höchste Zeit, das Baby aus dem Wasser zu holen und Ihn wieder in den Mittelpunkt der Feier zu stellen. Es ist Zeit, Gottes Meisterstück über den Kamin der Kirche hinaus zu erhöhen. Es ist Zeit Gottes Sohn, das Lamm aus dem Schutt auszugraben und die Offenbarung ans Licht zu bringen. Es ist Zeit Ihm zu erlauben, den Vorhang von den Augen Seiner Kirche wegzuziehen und uns Seinen Sohn als das Lamm betrachten lässt.

Es ist meine tiefe Überzeugung, dass Er diese Epoche nicht abschließen wird, bevor Sein Sohn vollständig als Lamm offenbart sein wird. Dies ist keine neue Offenbarung, es ist eine einfache Wiederentdeckung des Evangeliums.

Die Herrlichkeit des Evangeliums

Wie du siehst, ist heilige Herrlichkeit im Evangelium. Paulus schrieb: *„Wir haben aber diesen Schatz in irdenen Gefäßen, damit das Übermaß der Kraft von Gott sei und nicht aus uns"* (2. Korinther 4:7). Ich glaube, dass die Zeit für dieses „heilige Licht" des Evangeliums gekommen ist, um erneut zum Vorschein gebracht zu werden. Wenn das geschehen ist, wird die Kirche wieder mit Auferstehungskraft und Herrlichkeit des Lammes erfüllt sein. Paulus schrieb: *„Um ihn und die Kraft seiner Auferstehung und die Gemeinschaft seiner Leiden zu erkennen"*(Philipper 3:10).

Das sind nicht unsere Leiden, sondern Seine Leiden. Das ist zutiefst identisch mit dem Kelch den Er trank, so dass du beinahe jeden Tropfen des Grauens nachempfinden kannst, den Er erduldete.

Lass das Kreuz tief in deinem Inneren wirken, und dein Herz vernarben. Je mehr du dem Kreuz erlaubst, dein Herz mit Seinem Zeichen zu versehen, umso mehr Auferstehungskraft wird aus deiner Wunde hervorbrechen.

Es ist so, als ob du ein brennendes Streichholz in die Nähe von Öl bringst. Wenn Feuer mit Öl in Berührung kommt, führt das zu einer Verbrennung. In einem sehr viel größeren Zusammenhang bedeutet das, wenn das Feuer des Kelches den Kraftstoff des Geistes berührt, dann wird die Auferstehungskraft gleichwie Feuerflammen aus deinem Herzen hervorbrechen. Dann werden wir schließlich die volle Feuersbrunst der Herrlichkeit sehen, welche Gott in jede Kirche zu allen Nationen dieser Erde bringen möchte.

Johannes verlassen

Die Sonne ging bereits unter und hinterließ nur noch einen rötlich, leuchtenden Schimmer am Horizont. Der alte Apostel lehnt sich gegen einen Felsen.

Noch beim Schreiben der Worte in das Buch mit dem der Kanon der Heiligen Schrift endet, stellt er fest, dass die gesamte Bibel auf das Lamm hinweist. Das Alte Testament zeigt die Vorbereitung Gottes für die Ankunft Seines Sohnes auf der Erde, das Blut der Lämmer besprenkelt beinahe jede Seite. Er vergoldet jede Seite des Neuen Testaments mit Auferstehungsherrlichkeit die vom erhobenen Lamm ausgeht.

Johannes ist vom Sehen dieser Vision müde geworden und doch hat sie gerade erst begonnen. In den folgenden Tagen wird der Herr den Himmel noch oft für ihn öffnen und er wird sein geliebtes Lamm sehen. Wir werden diese Geschichte in verschiedenen Fortsetzungen zu diesem Buch wieder aufnehmen.[8]

Möge das Lamm Seinen gerechten Lohn empfangen!

Nachdem wir nun zum Ende des Buches kommen, möchte ich noch einen letzten Gedanken mitteilen. Ein junger Adliger betrat eine europäische Kathedrale um die Architektur zu bewundern. Ganz überraschend bekam er einen flüchtigen Eindruck von einem Bild von der Kreuzigung das ihn sehr betroffen machte. Er stand stundenlang da und starrte das Bild an.

Er sah wie das Blut aus jeder Wunde tropfte. In jeder Träne sah er glühende Liebe. In jedem Pinselstrich sah er leuchtende Gnade. Der Künstler wurde durch Jesus von einem Leben in tiefer Dunkelheit und Sünde erlöst. Nun malte er Barmherzigkeit in jeden Strich und Vergebung in Jeden Blutstropfen. Das Bild war unwiderstehlich und erfasste das Herz des jungen Mannes. Dann las er den Titel neben der Malerei: „Das habe ich für dich getan, was wirst du für mich tun?"

Der junge Mann fiel auf seine Knie und weinte. Von ganzem Herzen gab er Gott das Versprechen, für den Rest seines Lebens das Lamm für Seine Leiden am Kreuz zu verherrlichen.

Du bist auch am Fuße des Gekreuzigten gestanden und hast aufgeschaut zu dem Lamm Gottes. Du hast auch die Liebe in jeder Träne gesehen, die Barmherzigkeit, die in Seinem Blut tropfte, die Herrlichkeit, die in Seinen Augen leuchtete. Möchtest du nicht auch dafür leben, anderen von der Herrlichkeit des Lammes zu erzählen?

Der junge Mann in der vorherigen Geschichte war Nikolaus Ludwig Graf von Zinzendorf. Er gründete die *Herrnhuter Brüdergemeine*. Die Begegnung Zinzendorfs mit dem Lamm wurde zum Leitspruch der Herrnhuter: „Möge das Lamm, das geschlachtet wurde, die Belohnung für Seine Leiden empfangen!"

Möchtest du das auch zu einem Schrei deines Herzens machen? Möchtest du nicht auch den Rest deines Lebens damit verbringen, das Lamm dafür zu verherrlichen, was Er für dich getan hat? Möchtest du nicht vor allem anderen dafür leben, Jesus die Belohnung für Seine Leiden zu bringen?

Was ist das für eine Belohnung? Es sind Menschen, ihre Seelen für das Lamm. Möchtest du jetzt nicht losgehen und Ihm die Belohnung bringen, die Er so sehr verdient hat?

Wenn du das möchtest, wirst du darüber erstaunt sein, was dich erwartet. Denn wenn dein Leben vorüber sein wird, wirst du in das leuchtende Gesicht von Jesus schauen. Du wirst die Freudentränen in Seinen Augen sehen und du wirst von Ihm hören: „ Gut gemacht!" Dann wirst du verstehen, dass durch die Frucht deines Lebens auf der Erde, Jesus die Herrlichkeit empfangen hat, die Er verdient hat, weil Er Sein Leben hingab als dein Lamm!

Literaturverzeichnis

1. Petrus, Jakobus und Paulus wurden bereits gemartert. Den Überlieferungen zufolge haben sie versucht, Johannes mit siedendem Öl zu übergießen, aber er starb nicht an

den Folgen und so wurde er ins Exil nach Patmos verbannt wo er die Offenbarung von Gott empfing.

2. John R.W. Stott, *The Cross of Christ* [Downers Grove, IL: InterVarsity Press, 1986], Seite 343.

3. Dieses Video wurde produziert von Leesia Mason, Melissa Clegg, Cheryl Logan und Rebecca Luskey.

4. Charlotte Elliott, „Just As I Am".

5. Judson Cornwall, *Forbidden Glory: Portraits of Pride* (Hagerstown, MD: McDougal Publishing, 2001), Seite 225.

6. ebd., Seite 228.

7. Jonathan Edwards, „An Humble Attempt to Promote Explicit Agreement and Visible Union of God's People in Extraordinary Prayer for the Revival of Religion and the Advancement of Christ's Kingdom on Earth", *The Works of Jonathan Edwards*, Band 2 (Edinburgh: Banner of Truth Trust), Seite 287.

8. Inzwischen ersuche ich dich, mein Buch *„A Revelation of the Lamb for America"* (McDougal Publishing, 2002) zu beschaffen. Der Herr gebraucht es, um Menschen in diesem Land zu helfen, das Lamm zu erkennen. Wenn dein Herz berührt wurde und du helfen möchtest, die Botschaft vom Lamm zu verbreiten, dann erwerbe dieses Buch und gib es an andere weiter. Im Kleinen wird es nützlich sein, Jesus die Ehre zu geben die Er verdient hat, weil Er sein Leben als Lamm hingegeben hat. Das erste von drei weiteren Büchern wird *„The Cry of a Generation"* sein, welches zeigen wird, wie das Lamm Gottes den Schrei einer vater-

losen, jungen Generation beantwortet. Dieses Buch wird nicht durch die Augen von Johannes präsentiert werden, weil es sich direkt an die Wunden und Bedürfnisse von Teenagern richten wird. Die beiden Bücher, die sich diesem anschließen, werden dieses vorliegende Buch inhaltlich fortsetzen. Die erste Veröffentlichung wird eine Offenbarung des Lammes für das jüdische Volk sein und wird Gottes Antworten zum Holocaust enthalten. Das letzte Buch dieser Serie wird unter dem Titel „*A Revelation of the Lamb for the Nations*" erscheinen. Es erzählt die Geschichten von jungen Männern und Frauen die eine Offenbarung des Lammes in die Nationen dieser Welt tragen. Ich kann es kaum erwarten, ihre Geschichten zu erzählen!

„Glory of the Lamb"-Praktika

Wir laden dich herzlich zu unserer dreiwöchigen Schulung für den geistlichen Dienst ein.

In diesem Praktikum wirst du

- eine tiefe Durchbohrung in deinem Herzen für das Lamm erfahren
- deine „Predigtstimme" entdecken, damit du mit Feuer predigen kannst
- Heilung für deine Mutter- und Vaterwunde empfangen
- Jesus noch mehr lieben, bis dich eine unsterbliche Leidenschaft erfüllt
- evangelistische Einsätze machen und die unauslöschliche Flamme der Erweckung tragen

Dr. Sandy sagt: „Diese Liste beruht nicht auf leeren Versprechungen, sondern auf dem, was wir im Leben von zahllosen jungen Erwachsenen gesehen und erlebt haben!"

Besuche unsere Website um Bilder anzuschauen, mehr über Termine und die Kosten zu erfahren und um das Anmeldeformular herunterzuladen.

Kontaktiere Dr. Sandy unter der Telefonnummer 001-251-962-7172 und hinterlasse eine Nachricht, oder schreibe eine E-Mail an:
info@gloryofthelamb.com

Weitere Bücher von Dr. Sandy Davis Kirk

America Ablaze

A Revelation of the Lamb for America

Rivers of Glory

The Glory of the Lamb

The Masterpiece

The Pain of a Young Generation

The Cry of a Fatherless Generation

Bestellungen direkt über
www.gloryofthelamb.com